끝까지 해내는 사람들의
1일 1분 루틴

1만 2천 명의 습관을 바꿔준
목표 실현법

끝까지 해내는 사람들의
1일 1분 루틴

오히라 노부타카 지음 | **황혜숙** 옮김

1 MINUTE
DAILY
ROUTINE

센시오

—

몇 번이고 계속하겠다고 다짐하는 당신에게.

결심하고 결심해도 결국 그만두고 마는 모든 이에게.

—

서문

끝까지 해내는 사람이 원하는 모든 걸 손에 넣는다

"해낼 거야!" 결심했건만 바로 포기하고 만다, 연초에 "올해야 말로!" 결심했건만 한 달도 안 되어 벌써 잊어버렸다, 영어 공부를 하려고 했지만 작심삼일이었다……. 이런 경험을 한 적이 있는가?

나는 지금까지 1만 2천여 명의 행동을 개선하는 일을 도왔다. 그들이 계획한 일을 좀처럼 행동으로 옮기지 못하거나, 해야 할 일을 늘 미루고 마는 사람들이 실제로 변해가는 모습을 지켜보았다.

무언가를 결심한 이후 실제로 대부분의 사람이 실행하기

위해 첫발을 내디딘다. 그러나 문제는 행동을 시작하는 것보다 꾸준하게 끝까지 해내는 것이 더 어렵다는 것이다.

나에게 상담 받으러 오는 사람들 중에도 하기로 작정한 일을 마음먹고 실행하지만 지속 가능한 습관으로 만들지 못해 작심삼일로 끝내는 경우가 꽤 있었다. 당신 역시 무수한 계획을 세웠을 것이다. 계획이 계획으로만 머물면 아무 소용이 없다. 일단 행동으로 옮겨야 한다.

그다음에 결실을 맺기 위해서는 '계속할 수 있느냐 없느냐'가 중요하다. 이것이 끝까지 해내느냐 마느냐를 결정한다. 즉, 당신은 바라고 원하는 일을 결론이 날 때까지 계속하기만 하면 끝까지 해낼 것이고 마침내 실현할 수 있다.

끈기 있는 사람들이 가진 것

'팔레트의 법칙'을 아는가?

'8대2의 법칙'이라고도 부르는 이 법칙은 원래 '매상의 80퍼센트는 모든 고객의 20퍼센트가 창출한다' 같은 경제 현상을 설명하기 위해 쓰였는데 지금은 인간의 심리나 행동을 설명할 때에도 사용된다.

예전에 내가 존경하는 선배가 '팔레트의 법칙'과 연결해서

'계속 행동하는 사람의 비율'에 대해 말해준 적이 있다. '행동'
이라는 관점에서도 팔레트의 법칙은 들어맞는다는 것이다.

예를 들어, 한 세미나에 참석한 100명의 사람들이 '이러한
행동을 하는 편이 좋다'라는 내용을 배웠다고 치자. 그중에서
배운 바대로 행동하는 사람이 바로 전체의 20퍼센트, 즉 20
명 정도다. 그렇다면 그 20명 가운데 계속해서 행동하는 사람
은 얼마나 될까? 20명 중 20퍼센트인 고작 네 명뿐이라는 것
이다. 100명 중 96명은 계속하지 않는다는 말이다. 그러므로
계속하는 것만으로도 4퍼센트에 속할 수 있다.

계획한 행동을 한 번 실행하기는 쉽지만 오랫동안 반복하
기는 쉽지 않다. 4퍼센트에 속하는 사람들처럼 끈기가 있어
야 가능하다. 끈기가 있어야 습관으로 만들 수 있다.

레오나르도 다빈치는 화가, 발명가, 건축가, 천문학자 등
다양한 직업을 가진 천재였다. 그는 여러 분야에서 활약하며
30년간 메모하는 습관을 가졌다. 메모한 분량이 수천 장에
달하는데, 거기에는 해부학, 천문학, 과학 등 분야를 가리지
않고 창의적인 아이디어가 가득했다. 보고 느끼고 생각한 내
용을 끈기 있게 메모한 습관 덕분에 그는 뛰어나고 새로운
예술작품들을 창조해낼 수 있었다.

세계적인 과학자 토머스 에디슨은 빛이 오래 지속되는 전구를 발명하기까지 무려 1,000번의 실패를 거듭했다. 그가 엄청나게 긴 시간 동안 전구를 개발하기 위해 들여야 했을 고된 노력과 도전, 굳은 의지는 가히 짐작할 만하다. 여기에 한 가지를 덧붙이자면, 끈기다. 매일매일 비슷한 시행착오 1,000번이 쌓이고 쌓여 마침내 전구 발명을 해낼 수 있었다. 1,000번의 실패를 거듭하는 동안 그는 일정량의 아이디어를 습관적으로 기록했다고 한다. 끈기와 더불어 반복하는 습관으로 1,001번째 성공을 불렀다.

이처럼 성공한 사람들 대부분은 하나같이 습관을 중요시했다. 성공할 수 있느냐 없느냐는 재능이나 지식, 능력, 의지의 강도와는 무관하다.

결국 계속할 수 있는 사람, 끝까지 해내는 사람이 원하는 모든 것을 손에 넣는다. 자신과의 약속을 지켜 하겠다고 정한 일을 실행에 옮긴 후, 계속 해내라. 그러면 반드시 성과를 얻을 것이다.

내가 부족해서가 아니라, 방법이 문제다

계속, 끝까지 해내야 성과를 낼 수 있다고 하면 이렇게 물을

지도 모르겠다.

"누가 그걸 모르나요? 그 계속하는 것이 가장 어렵다고요!"

당연히 그렇다.

앞서 거론한 레오나르도 다빈치나 토머스 에디슨의 아이디어 메모 습관을 반추해보자. 메모하는 일은 시간이 오래 걸리는가? 아니다.

노트를 펴고 단 한 줄을 적기까지 10초? 30초? 길어야 1분이면 충분하다. 이 작고 사소한 행동이 세계적인 위인을 탄생시켰다.

그럼에도 불구하고 인생에서 중요한 일을 끝까지 해내기가 쉽지 않다고 생각되는가? 안심하라. 내가 끝까지 해내는 사람이 되도록 안내하겠다.

자신이 무엇을 해도 오래가지 못하고 싫증을 잘 내며 의지가 약한 사람이라서 어떤 일도 진득하게 해내지 못할 것이라고 믿고 있다면 참으로 안타까운 일이다. 그렇게 믿는 사람은 실제로 무엇을 해도 오래가지 못한다. 끝까지 해내지 못하는 이유는 당신이 부족해서가 아니다. 단지 방법이나 사고방식이 달라서다.

지금은 목표실현 전문가로서 진심으로 변하고 싶어 하는

사람들의 안내자로 활동하고 있는 나 역시 예전에는 무슨 일을 해도 끈기 있게 해내지 못하는 사람이었다. 이리저리 핑계를 대면서 하던 일을 그만두는 타입이었다. 이상하게도 나는 중요하지 않은 행동은 계속할 수 있는데, 중요하다고 생각하는 행동은 계속하지 못하고 중도 포기를 하곤 했다.

취업에 실패하고 이곳저곳 아르바이트를 전전하던 20대 때 '왜 나는 일도, 영어 공부도, 다이어트도 끈기 있게 하지 못할까?' '다른 사람은 아주 쉽게 할 수 있는 일을 왜 나는 못 해내는 것일까?'라고 생각하며 늘 나 자신을 책망하고 고민했다.

그러던 어느 날, 아내로부터 '줏대가 없다'는 핀잔을 듣고 나 자신을 되돌아보기 시작했고, 아들러의 심리학을 기초로 한 코칭법을 알게 되었다. 하지만 그 코칭 연습조차 끈기 있게 계속하지 못하는 나 자신 때문에 또다시 고민하곤 했다.

그러다가 이 책에서 소개하는 습관화의 법칙을 깨닫고, 이메일 뉴스레터 8년째 발송, 명상, 모닝커피 타임, 하루 한 권의 독서, 근육 운동, 아침저녁으로 하는 셀프 코칭 같은 일들을 계속할 수 있게 되었다. 그래서 이번 기회에 '계속하지 못하는 나'를 '끝까지 해내는 나'로 바꾸는 노하우를 전격 공개하고자 한다.

매일 1분만 투자하면 꿈이 실현된다

본문에서 차차 언급하겠지만, '미래 앵커링'이라는 방법으로 당신은 끈기 있는 사람이 될 것이다. 이것은 아들러 심리학을 기초로 한 셀프 코칭으로, 이미 많은 사람의 행동을 습관으로 바꿔온 단순하지만 매우 강력한 방법이다.

상상해보라. 다이어트, 공부, 아침 시간 활용하기, 일찍 일어나기, 독서, 조깅 등 당신이 계속하고자 하는 것을 착실히, 그리고 끝까지 해낼 수만 있다면 어떤 일상이 기다리고 있을까? 꿈이나 목표를 실현하기 위해 하려고 마음먹은 일을 계속할 수 있다면 지금까지 포기했던 일들을 얼마나 간단히 실현할 수 있을까? 생각만 해도 뿌듯하지 않은가!

이 책에서 제안하는 미래 앵커링을 실천하면, 즐겁고 간단하게 매일 단 1분으로 당신이 계속하고 싶은 일을 습관화할 수 있다. 몇 번을 시도해도 결국 습관을 들이지 못했던 나 자신을 바꿀 수 있기 때문에 가능하다.

"우리는 반복해서 행동하는 존재다. 그러므로 탁월한 것은 행위가 아니라 습관이다."

아리스토텔레스의 말처럼 사람은 습관으로 만들어진다. 내가 성장하는 것도, 꿈을 실현하는 것도, 회사에서 성과를 내는 것도 습관 없이는 불가능하다. 그러므로 원하는 것을 이루고 싶다면 반드시 이 책을 끝까지 읽고 실천해주길 바란다.

끈기 있는 사람이 되어 진심으로 인생을 바꾸고 싶은 당신과 이 책을 읽기 시작한 독자들에게 전하고 싶은 한마디는 이것이다.

"원하는 미래를 향해 한 발씩 나아가기를 끝까지 해낸다면 당신의 꿈은 실현된다."

오히라 노부타카

차례

1장

나는 왜 결심하고 다짐해도
계속하지 못할까?

1 MINUTE

DAILY

ROUTINE

하다 말았더니 모든 게
엉망이 되었다

습관화에 실패하면 실패 그 이상의 큰 대가를 치러야 한다. 바로 나 자신을 책망하는 것이다. 예를 들어, '어제도 또 아침 운동을 하지 못했다. 나는 왜 이렇게 의지가 약한 거지…' '늘 뭘 해도 오래가지 않아…' '또 돈도 시간도 낭비만 했다' '이런 찜찜한 기분이 든다면 일찍 일어나지 말걸 그랬다'.

이렇게 필요 이상으로 자신을 책망해서 나를 불신하게 될지도 모른다.

나도 그런 경험이 있다.

나는 무엇을 해도 오래 버티지 못하는 사람이었다. 하는 일도 예외는 아니었다. 직장인이었을 때, 한곳에서 근무하지 못하고 계속 여기저기를 전전했다.

어느 날, 세무 전문 잡지의 편집 일을 하던 중 '논문을 쓸 수 있는 수준이 되면 수입이 더 오를 거야'라는 생각이 들었다. 그래서 세금 관련 교재를 구입한 후 전문대학에 다니기로 했다. 그렇게 시작했지만 진척이 보이지 않아서 그만두었다. 그러다가 또다시 시작하고, 그만두고…. 시작과 포기, 좌절하는 일만 반복하다가 결국 전문대학 졸업을 하지 못했다.

그런가 하면 생소한 세미나에 흥미가 생겨서 한번 참가해서 배워봐야지 결심하고는 몇 번 가지 않고 그만둬버렸다. 또 영어를 배우고 싶어서 공부를 시작했지만, 금세 포기했다. 그러다 보니 점차 자신감만 사라져갔다.

정신을 차리고 보니 나는 나에 대해 '나는 뭘 해도 안 되나 봐…' '싫증을 잘 내서일까? 뭘 해도 오래가질 않아' '이런 일도 계속하지 못하다니! 나는 정말 한심해…'라고 생각하고 있었다.

당신은 이런 경험이 없는가?

필요 없는 일은
당장 그만둬라

당신은 지금 무엇을 습관화하고 싶은가?

다이어트, 영어 공부, 달리기, 일기 쓰기, 일찍 일어나기, 독서, 명상… 등 무엇이든 상관없다. 틀림없이 대부분의 사람이 '○○을 해보자' '실력 향상을 위해 공부를 해보자' '매일 복근운동을 30번씩 하자' 등 뭔가를 결심한 적이 있을 것이다.

당신은 결심을 행동으로 옮기고, 그것을 계속하고, 습관화할 수 있었는가?

만약에 당신이 원하는 일을 계속해야 하는데 포기한 적이 있다면 필히 이 책을 끝까지 읽어보기 바란다. 이 책은 진심으로 변화하고 싶은 사람들에게 습관을 만드는 단순한 방법을 설명할 것이다.

나는 목표실현 전문가로 지금까지 1만 2,000명 이상의 행동혁신과 습관화를 도왔다. 그 노하우로 계속할 수 없다, 자신이 없다, 나도 모르게 미루고 만다, 변하고 싶지만 변할 수 없다, 끝까지 할 수 없다, 더 성장하고 싶다 등과 같은 고민을 가진 사람들이 꿈이나 목표를 향해 한 발씩 착실하게 전진하는 인생을 살아갈 수 있도록 안내하고자 한다.

독서하는 습관을 들이고 싶다, 건강과 몸매 유지를 위해 다이어트를 계속하고 싶다, 영어로 대화하기 위해 매일 공부하고 싶다… 이런 식으로 많은 사람이 매일 새로운 습관을 들이려고 한다. 하지만 습관화하기 위해 가장 먼저 생각할 중요한 점이 있다. 그것은 '정말로 습관화할 필요가 있을까?'라는 문제다.

남들이 좋다고 추천하거나 매스컴 또는 인터넷에서 화제가 된 사람을 보고 나에게 필요하지도 않은 데 휩쓸려서 습관화하려는 사람이 있다.

예를 들면 다음과 같은 사람이다.

- 평소에 기타를 칠 일은 없다. 친구가 기타 연주하는 자신의 모습을 찍어서 SNS에 올렸다. 멋있어 보여서 나도 기타를 사 줄을 퉁겨보았다.
- 오랜만에 친구와 만났는데 활기차 보여서 좋은 일 있냐고 물었

더니 살사 댄스를 배운다고 했다. 어쩐지 나도 한번 해보고 싶어졌다.

• 딱히 쓸 거리는 없지만, 창업한 선배의 말을 듣고 일단 블로그를 시작했다.

사실 자신의 관심사가 아니라면 그 일은 계속해도 아무 소용이 없다.

진심으로 하고 싶은 일, 필요한 일이 아니기 때문에 포기하고 좌절할 가능성도 당연히 높다.

계속할 수 있다고 해도 자신이 진심으로 바라는 일이 아니면 별로 기쁘지도 않고 성취감도 없게 마련이다. 열심히 연습해서 기타를 잘 칠 수 있게 되었다고 해도, 재주를 써먹을 기회가 없으므로 좀처럼 그 효과를 실감할 수 없다. 게다가 자신에게 별로 중요한 일이 아닌데도 습관화에 실패하면 '이런 일도 꾸준히 할 수 없다니… 역시 난 의지박약에 구제불능이야'라는 생각이 들지도 모른다.

객관적으로 볼 때 이전과 아무것도 변한 것 없이 자신감만 상실했으므로 결과적으로는 오히려 손해다.

돌이켜보면, 나도 무엇을 해도 잘 안 풀리던 고난의 10년을 보냈다. '이대로 가면 안 된다'라는 불안감과 초조함 때문에 해야 할 일을 찾지 못하고, 무작정 계속해보려다가 실패를 반복하곤 했다. 그리고 그때마다 자신감, 용기, 자기긍정심마저 잃었다.

그러니 아무 일이나 습관화하는 것이 아니라 나 자신에게 정말 필요한 일, 의미가 있는 일을 습관화하는 것이 무엇보다 중요하다.

나에게 정말 중요한 습관만

'왜 다른 사람은 할 수 있는데 나는 못 하지?' '매일 독서하겠다고 결심해놓고 3일을 못 넘기다니…' '나는 정말 구제불능이야!'

이처럼 자신을 부정하는 버릇이 생기면 나의 능력이나 잠재력은 물론 모든 가능성을 깎아내리기 시작한다. 나는 의지가 약하고, 게으르다, 한심하다… 등과 같이 마음속으로 자신을 매도하고, 결국 믿지 못한다. 그러면 무엇을 해도 잘 안 되고 한심한 상황이 계속 이어진다. '계속하지 못하는 것이 당연해', '어차피 무리야' 식으로 생각한다.

끈기 없는 자신, 싫증을 잘 내는 자신, 의지가 약한 자신을 책망하는 것은 아무 의미가 없다. 나 또한 절실히 느껴봤다. 자신을 아무리 책망해도 끈기가 생기거나 자신감이 회복되지는 않는다.

그러므로 지금까지 오래가지 못했다, 습관화하지 못했다

는 경험이 있더라도 일단 모두 잊어버리기 바란다. 새롭게 시작하자.

지금부터 생각해야 할 것은 '어떻게 하면 될까?' 이것이 전부다.

별로 내키지 않거나 자신에게 중요하지 않은 일을 습관화하면 실패 또는 자책만 불러온다. 그러므로 더는 나에게 중요하지 않은 일을 계속하려고 하지 말자. 지금 바로 포기해버리면 된다. 끈기 있게 계속하려면, 당신에게 매우 중요하고, 인생의 열쇠가 되는 일만을 습관화하라.

인생의 열쇠가 되는 습관을 '키해빗Key habit'이라고 부른다. 사람은 인생을 좌우할 정도로 중요한 것을 달성하기 위한 습관이라면 중도 포기하지 않고 계속할 수 있다.

인생은 생각보다 짧다. 하루 동안 할 수 있는 일도 제한되어 있다. 늘 여유가 있어서 계속 새로운 일에 도전할 수 있는 여력이 있다면 좋겠지만 대부분 그렇지 않다. 일이나 공부, 집안일, 개인 시간 등으로 눈코 뜰 새 없이 하루하루가 지난다.

그런 사람이 별로 하고 싶지 않은 일을 계속하는 것은 거의 불가능에 가깝다. 그런데도 나에게 중요하지 않은 일을 습관화하려다가 자신을 책망하고, 자신감을 잃어서야 되겠는가.

습관화하기에 성공하려면 계속하려고 하는 그 일이 당신에게 중요한 키해빗인지 아닌지를 먼저 판단하자.

못하겠단 핑계를 없애는
좋은 습관의 힘

키해빗인지 아닌지를 판단했고, 습관화하기로 결정했는가.
그렇다면 그 일을 처음부터 왜 계속해야 하는지에 대해 말해
보자.

좋은 습관은 당신을 절대로 배신하지 않는다. 결국 끝까지
해낸 사람들을 떠올려보라. 모든 것을 손에 넣었지 않은가.
비즈니스, 스포츠, 예술, 공부… 어떤 분야에서든 최정상에
우뚝 서 있는 그들은 좋은 습관을 가졌다. 꿈이나 목표를 빨
리 실현했다.

마이크로소프트사를 설립한 빌 게이츠는 독서를 좋아한
것으로 알려져 있다. "하버드 졸업장보다 소중한 것이 책 읽

는 습관이다"라고 했을 정도다. 그는 독서를 하면서 궁금하거나 이해가 안 되는 부분은 책의 여백에 메모했다. 책 내용을 읽히는 데로 받아들이는 것이 아니라, 끊임없이 다양한 질문을 한 것이다. 이런 좋은 습관을 가졌던 그는 20세기 후반과 21세기 초반의 정보기술 시대를 선도한 기업가이자 세계 최대 갑부라는 수식어로 자주 회자된다.

영화 〈맨 인 블랙〉〈나쁜 녀석들〉〈알리〉 등에서 개성 있는 연기로 사랑받은 윌 스미스는 꾸준한 운동으로 자기관리를 했다. 그는 "내가 다른 사람들과 확실히 다른 점이 있다면 러닝머신 위에서도 죽지 않는 자세뿐이다"라고 말할 만큼 운동 습관에 대한 자부심이 가득했다. 그리고 그런 자세로 임했기에 자신의 본업에서도 항상 큰 성과를 이뤘다.

좋은 습관은 행동을 자동화해주기 때문에 머리와 몸과 마음에 여유를 가져온다. 그 여유가 보다 나은 성과를 창출한다. 나는 당신도 좋은 습관으로 끝까지 해낸 사람들처럼 여유와 성과를 동시에 성취할 수 있기를 바란다.

목표실현의 전문가로 좀처럼 실행에 옮기지 못하는 사람들을 만나면서 나는 꿈이나 목표를 달성하는 첫걸음이 '행동'이라는 사실을 알았다. 그리고 꿈이나 목표가 높으면 높을수록 행동을 습관으로 바꾸는 일도 중요했다.

습관화할 수 있으면 꿈이나 목표를 실현하는 속도가

빨라진다. 중요한 것은 좋은 습관을 내 것으로 만드는 것이다.

좋은 습관을 적으로 둔 사람은 뭘 해도 잘 안 된다. 나쁜 습관에 둘러싸인 사람이 그렇다. 예를 들면, 아래와 같은 사람이다.

- 화날 때 남에게 호통을 치지 않으면 직성이 안 풀린다.
- 소파에서 텔레비전을 보면서 누워 있지 않으면 잠이 안 온다.
- 늘 이메일이나 SNS를 확인하지 않으면 불안하다 등과 같은 것이다.

한편 좋은 습관을 내 편으로 만드는 사람도 있다. 가령 이런 경우다. 아침 산책을 목표로 한다, 수입의 10퍼센트를 자기 투자에 쓴다, 매일 30분씩 공부한다 등이다.

일이 잘 안 풀릴 때도 좋은 습관을 가져보라. 습관이 당신을 도와주고 지켜준다. 그리고 일이 잘 풀리도록 이끌어준다.

나는 이메일 뉴스레터를 8년간 계속해서 발송하고 있다. 그런데 이 일을 습관화하기 전에는 이메일 뉴스레터를 쓰는 일이 무척 힘들었다. 특히 피곤할 때나 급한 일이 있을 때는 그만두고 싶은 유혹에 사로잡혔다. 그래도 여전히 이메일 뉴스레터를 계속해서 발송하고 있다. 이것은 습관화의 힘이다.

일단 습관이 되면 '피곤해서 안 할래'가 아니라 '피곤하지만 오늘도 조금만 해보자'거나, '시간이 없으니 못해'가 아니라 '시간이 없지만 조금만 써보자'라는 식으로 사고가 달라진다.

좋은 습관을 가지고 있는 사람은 엘리베이터를 타고 위로 올라가는 것과 같다. 별로 노력하지 않아도 타 있는 행동만으로도 알아서 최고층까지 올라간다.

반대로 나쁜 습관을 가지고 있는 사람은 아래로 내려가는 엘리베이터에 탄 것과 같다. 가만히 있어도 최저층으로 곤두박질친다.

그러므로 자신에게 꼭 필요하고 정말 좋은 습관이라고 생각하는 행동을 내 편으로 만드는 것이 무엇보다 중요하다. 남들이 추천하거나 세간에 화제라고 해서가 아니라, 당신이 진심으로 계속하고 싶은 습관을 내 것으로 만들어 함께 나아가자.

좋은 습관은 꿈이나 목표를 더 빨리 실현해주는, 든든한 아군이라는 사실을 기억하기 바란다.

끝까지 해내게 만드는
좋은 습관 4가지

러시아의 대문호 톨스토이는 일기 쓰기를 생활화했다. 독일 문학의 최고봉이자 위대한 사상가 괴테는 기존 문학 작품의 뒷이야기를 매일 창작해보곤 했다. 오바마 전 대통령의 영부인이자 미국에서 가장 존경받는 여성으로 꼽히는 미셸 오바마는 아침 일찍 일어나 운동을 했고, 스타벅스의 창업자 하워드 슐츠는 자전거로 출근하는 습관을 가졌다.

이렇듯 실제로 어느 한 분야에서 성공을 거둔 사람들은 반드시 자신들이 계속하고자 계획한 행동을 습관적으로 했다고 알려져 있다. 굳이 '계속하자'고 생각할 필요가 없을 정도로 그 일이 몸에 배 있었다.

끝까지 해내는 사람들은 자신의 욕망이나 비전을 구체적으로 그릴 수 있으므로 설레는 감정을 향해 필요한 행동을 계속할 뿐이다. 그들의 가슴은 뜨겁지만 머리는 냉정하다. 결코 무리해서 계속하고 있는 것이 아니다.

끝까지 해내는 사람들의 행동 습관은 다음과 같다.

① 작고 간단한 행동을 잘 반복한다.
② 성장은 등산과 마찬가지라는 사실을 알고 포기하지 않는다.
③ 숫자의 움직임에 쉽사리 웃고 울지 않는다.
④ 내가 왜 이 행동을 하는지 목적을 안다.

지금부터 이 행동 습관에 대해 구체적으로 소개하고자 한다. 유익한 힌트를 얻기 바란다.

작고 간단한 행동을 잘 반복한다

끈기 있는 사람은 작고 간단한 행동을 잘 해낸다. 나는 그것을 '작은 수레바퀴를 잘 돌린다'라고 표현한다.

무슨 일이든 계속하는 것은 매우 힘들며 강인한 의지와 끊임없는 노력이 필요하다고 생각하는가? 그렇다면 그것은 자꾸 큰 수레바퀴를 돌리려고 하기 때문이다.

계속할 수 있는 사람은 작고 간단한 행동부터 시작한다.

예를 들어, 마라톤 결승에 도전하기 위한 첫 단추로 운동화를 챙겨 신고 동네 산책하기다. 누구나 산책은 할 수 있지 않은가?

바로 여기에 성공의 비결이 있다.

누구나 성공할 수 있는 작고 간단한 행동을 반복해서 '신나, 앞으로도 잘 될 것 같아!'라는 식으로 나 자신을 격려해야 한다. 그러면 작은 수레바퀴가 빙글빙글 돌기 시작하면서 속도가 붙는다.

올림픽 역사상 최초로 8관왕에 오른 수영 황제 마이클 펠프스는 밥 바우먼 코치가 권한 두 가지 간단한 습관을 반복했다. '긴장감을 풀기 위해 매일 밤 오른손을 쥐었다 폈다 하기를 반복할 것'과 '자주 수영장에 뛰어드는 순간부터 경기를 마쳤을 때까지를 상상할 것'이었다.

그다음에 펠프스는 행동 수위를 약간 높여 오른손뿐만 아니라 왼손도 쥐었다 폈다를 반복했고, 이어서 팔, 허리, 발목의 순으로 긴장감을 없애는 스트레칭을 습관화했다. 이 습관으로 인해 펠프스는 마음을 차분히 가라앉힐 수 있었고, 나중에는 풀장에 들어가서도 가뿐히 몸을 풀 수 있게 되었다.

또한, 매일 밤 그리고 아침에 일어나자마자 펠프스는 코치가 권한 대로 수영장에 뛰어드는 순간부터 경기를 마쳤을 때까지를 상상했다. 손동작, 수영장 끝까지 가서 턴하고 돌아오는 모습, 그가 지나갈 때마다 물살들이 넘실대는 광경, 경기를 마치고 나서 수영 모자를 벗는 순간까지 느리게 재생해보았다. 그랬더니 실제로도 물 앞에서 그다지 당황하지 않고 마음을 가라앉힐 수 있었다. 그리고 수영 속도가 나날이 빨라졌다.

펠프스처럼 작고 간단한 행동을 반복해서 속도가 붙은 다음에는 행동 수위를 조금씩 높여간다. 작은 수레바퀴를 조금씩 큰 수레바퀴로 바꾸어 나가는 것이다.

이렇게 하면 누구나 작은 수레바퀴를 돌리고 있는 듯 가벼운 마음으로 계속할 수 있다. 이는 결과적으로 행동의 질을 높이기 때문에 어느새 엄청난 수준에 도달할 것이다.

성장은 등산과 마찬가지라는 사실을 알고 포기하지 않는다

많은 사람이 성장을 직선적인 것으로 인식하고 있다. 즉, 한 가지 행동을 하면 그에 비례해서 바로 한 가지 결과가 나온다는 식으로 생각한다. 하지만 실제로는 그렇지 않다.

나는 존경하는 지인에게 이 사실을 배우고 매우 놀랐던 적이 있다. 성장 이미지는 이차곡선을 그려서 한라산 능선처럼 된다. 우리는 산을 한 걸음 오르면 표고(측량지점에서의 해발고도)도 한 걸음만큼 높아질 것이라고 기대하기 쉽다. 하지만 실제로는 산을 백 보 올라도 표고는 전혀 변하지 않을 수 있다.

행동 = 보행 수

결과 = 표고

이렇게 생각하기 바란다.

한라산의 1고지를 걷기 시작했을 무렵에는 좀처럼 표고가 오르지 않는다. 하지만 9고지, 10고지를 걸을 때는 한 걸음 나아갈 때마다 표고가 달라진다.

무언가를 꾸준히 했을 때도 이런 식으로 나타난다. 처음에는 아무리 열심히 해도 거의 성과나 효과를 실감할 수 없다. 계속하지 못하는 사람은 성과는 이차곡선이라는 사실을 잊기 때문에 '뭐야, 계속해봤자 별로 달라지지 않네?' '이렇게 열심히 하는데 보답이 없다니! 계속할 의미가 없어!' '어라, 혹시 방법이 잘못됐나?' 이런 식으로 생각해버리고는 발걸음을 멈추고 만다.

이에 반해 계속하는 사람은 결과가 이차곡선처럼 훗날 한꺼번에 나타난다는 이미지를 가지고 있기 때문에 성과나 효과를 실감하지 못해도 담담하게 끝까지 해낼 수 있다. 지금 당장은 아니지만 더 큰 급성장 시기가 반드시 찾아온다는 사실을 믿고 앞으로 나아갈 수 있는 것이다.

숫자의 움직임에 쉽사리 울고 웃지 않는다

다이어트를 하다 보면 꼭 그 주간에 회식이나 술자리가 이어져 지난주보다도 체중이 는다. 그러다 보면 매일같이 체중계에 오르는 사람은 '에이, 또 늘었네'라고 여러 번 낙담하다가 결국 다이어트를 포기하고 만다.

끝까지 해내는 사람들은 미세한 숫자의 변동에 별로 연연하지 않는다. 숫자의 변동을 확인하기는 해도 그다지 신경 쓰지 않는다는 말이다.

그렇다면 그들은 오르락내리락하는 체중 변화를 어떻게 받아들일까?

끝까지 해내는 사람들은 성장을 성장기업의 주가차트처럼 바라본다. 즉, 단기적인 성공이 아니라 장기적으로 성공을 향해 가면 된다는 사고방식으로 대하는 것이다.

예를 들어, 얼핏 볼 때 계속 주가가 오르는 것처럼 보여도 한 번도 내려가지 않고 늘 올라가기만 하는 일은 있을 수 없다. 매일 조금씩 주가가 오르고 있는가? 그렇지 않다. 최근 일주일 동향만 보아도 금세 알 수 있다. 사흘 전에는 몇 원이나 올랐지만, 이틀 전에는 조금 내렸다…는 식으로 오르락내리락하기를 반복한다.

이처럼 장기적으로 보면 계속 성장하고 있는 사람으로 보여도, 그의 하루하루를 살펴보면 침체된 날도 종종 있다.

성장은 주가 차트

얼핏 보기에 계속 성장하는
것같이 보여도…

하루하루의 움직임을 보면
오르락내리락하고 있다.

하루하루의 움직임에 갈팡질팡하지 않고
행동과 습관을 조절하면 성과가 나타난다.

계속할 수 있는 사람일수록 쉽게 울고 웃지 않는다.

어떻게 하면 다이어트를 계속할 수 있을까? 포기하지 않고 끝까지 해낼 수 있을까? 그 비결은 주가를 보는 것과 마찬가지로 숫자의 움직임에 지나치게 휘둘리지 않는 것이다. 장기적으로 자신이 원하는 체중에 가까이 간다면 일시적인 체중 증가에 지나치게 신경 쓸 필요 없다.

내가 왜 이 행동을 하는지 목적을 안다

'무슨 일이 있어도 골에 도달해야 해!'라고 시야가 좁아지면 오히려 끝까지 계속하지 못한다. '한시라도 빨리 목표를 달성하고 싶다!'는 바람이 강해지다 보면 연습을 쉰 날은 목표Goal를 향해 한 걸음도 다가가지 않은 듯한 생각이 들어서 '계속하지 못했다' '실패했다'라고 받아들이기 쉽다.

끝까지 해내는 사람들에게 목적은 목표의 감동, 목표는 결승 테이프Goal tape다. 그들은 연습을 쉰 날도 행동했다고 받아들인다. 자신이 행동하는 목적이 무엇인지 알고 있기 때문이다.

끝까지 해내는 사람들은 목표에 도달하고 싶은 욕망이 있어도, 좀 더 넓은 시야로 사물을 바라본다. 그러므로 연습을 쉰 날은 '잘 쉬어서 컨디션이 돌아왔다' '기력을 회복한 덕분에 내일부터 다시 분발할 수 있다'라고 생각한다. 즉, 쉬거나 계속할 수 없었던 날을 꿈이나 목표를 실현하기 위한 영양 보충 시간으로 받아들여서 무리 없이 이어간다.

여기서 목적과 목표를 짚고 넘어가자.

'목표는 반드시 측량 가능한 것으로 하라'는 말을 자주 듣지 않는가?

토익 600점이라는 목표는 도달했는지 아닌지 측량할 수 있다. 자격증 취득이나 월간 매상 300만 원도 마찬가지다. 이는 매우 중요한 요소다.

다만 목표는 어디까지나 목표일 뿐 목적과는 다르다.

마라톤에 비유하자면, 다음과 같다.

목표 = 결승 테이프Goal tape

목적 = 목표Goal를 이룬 감동

결승 테이프가 없으면 언제까지 달려야 하는지 알 수 없다. 그러므로 알기 쉬운 기준이 있어야 한다. 하지만 달리는 궁극적인 이유가 결승 테이프를 자르고 싶어서는 아니다. 결승 테이프를 자르면 얻을 수 있는 무언가를 체험하고 싶어서 달리는 것이다.

그러므로 목적이 목표보다 중요하다.

단순히 결승 테이프를 자르기 위해서만이 아니라면 당신은 도대체 무엇에 감동하고 싶어서 그 행동을 계속해서 끝끝내 해내고 싶은가. 그 목적을 잘 알고 있으면 포기하지 않고 끝까지 해낼 수 있다.

'맛보고 싶다'는 감정이 행동으로 연결된다

지금은 목표실현 전문가로 활동하고 있는 내가 이전에 그랬던 것처럼 기존 방식대로 끝까지 해내려고 하면 같은 실패를 반복할 가능성이 높다. 그렇다면 도대체 어떻게 하면 끝까지 해내는 성공의 키를 손에 쥘 수 있을까? 앞서 말한 대로 습관을 들이는 데서부터 시작하면 된다.

그런데 아직도 습관화가 어려운가.

어디서부터 어떻게 바꿔 나가야 자신이 원하는 행동을 실제로 습관화할 수 있을까? 그 키를 한마디로 표현하면 '맛보고 싶다!'이다. '맛보고 싶다!'만이 행동을 습관화할 수 있다.

맛보고 싶은 감정이 생기면 바로 움직이게 된다

행동의 습관화에 관한 책에서 엉뚱하게 키워드가 왜 하필 '맛보고 싶다!'일까? 대체 무슨 뜻인지 의아하게 생각될 것이다.

대부분의 사람은 보통 '이것을 하는 편이 좋다' '이것은 계속해야 한다'라고 머리로는 이해해도 좀처럼 행동으로 옮기지 못하고 끈기 있게 계속하지 못한다. 그래서 고민하는 것이다.

'이렇게 되고 싶어!' '아~, 이것이었네!' '이 기분을 맛보고 싶어!' 이런 감정이 생기면 바로 움직일 수 있다.

'○○해야 해'라고 머리로만 이해하는 것은 좀처럼 계속하지 못한다. 하지만 감정이 움직이면 자연스럽게 움직이게 되어 있다.

그러므로 이 '맛보고 싶다!'는 의지가 없으면 계속할 수 없다. 다이어트든 매일 하는 독서든 맛보고 싶지 않은 것은 무언가 이유를 만들어서라도 계속하려고 하지 않기 때문이다.

'맛보고 싶다!'라는 감정이 왜 중요할까?

'무조건 계속하고 싶다'는 마음이 들게 하고 목적을 잃지 않게 하기 때문이다. 계속할 수 있을지 아닐지에 신경 쓰지 않아도 되고 꿈이나 목표를 향해 최적의 행동을 취할 수 있게 만들기 때문이다. 부정적인 사고방식이 아닌 긍정적인 사고방식을 가질 수 있게 해주기 때문이다.

맛보고 싶다는 마음에 사로잡힌 순간, 어느새 계속하고 싶었던 행동을 자연스럽게 끝까지 해내고 있는 나를 발견한다.

그렇다면 '맛보고 싶다!'란 도대체 무엇일까?

'맛보고 싶다!'를 중요시하면 왜 행동을 습관화할 수 있을까?

미래를 맛보면 인생이 달라진다

이 책에서 전하고자 하는 것은 '습관화한 미래의 자신을 미리 체험한다=맛보다'라는 것이다.

계속할 수 있는 사람은 습관화한 미래의 자신으로부터 역으로 거슬러 올라온다. '오늘부터 열심히 노력해서 계속하자'라고 생각하지 않는다. 이미 계속하고 있는 미래에서 역산해 '내가 계속할 수 있다는 것은 이런 것이겠지'라고 생각한다.

그러므로 계속할 수 없는 지금의 상황에서 뭔가 새롭게 계속하고 싶은 것을 추가하는 것이 아니다.

이미 계속하고 있는 미래의 자신을 미리 맛본다. 습관적으로 미래를 맛보는 행위를 '미래 앵커링'이라고 한다. 미래 앵커링을 하면 인생이 달라진다.

감정에 휘둘리는 것이 아니라, 익숙하게 활용하자. 그렇게 할 수 있을 때 감정은 당신의 행동과 인생을 바꾸는 강력한 힘이 된다. 또한 내 인생의 주인공은 나 자신임을 잊지 말자. 나 자신이 주인공인 미래를 자유롭게 그려보자. 미래 앵커링을 전면적으로 활용해보기 바란다.

'감정을 활용하라니? 어떻게?' '미래의 나를 미리 볼 수 있다고?' '체험? 맛본다는 건 대체 무슨 뜻이야?'

이런 의문이 생길지도 모르겠다. 제2장에서부터 자세히 설명하겠다.

2장

결심은 쉽다,
계속하는 게 어렵지

1 MINUTE

DAILY

ROUTINE

도대체 왜
오래가지 못할까?

무슨 일인가를 끝까지 하려고 했지만 왜 오래가지 못하고 습관화할 수 없었을까. 사실은 끝까지 해내고 싶은 마음이 없다, 자신은 끝까지 해낼 수 없다고 믿는다, '귀찮다' '계속하기 힘들다'라고 생각하면서 행동하는 3가지 원인밖에 없다. 무엇을 해도 계속할 수 없는 사람은 반드시 이 3가지 원인 중 하나 때문이거나 2가지 이상에 해당해서다.

이를 극복하고 끝까지 해내는 나 자신이 되기 위해서는 어떻게 해야 할까?

[원인 ①] **사실은 끝까지 해내고 싶은 마음이 없다**

애초에 자신에게 그 꿈이나 목표가 별로 중요하지 않았을 것이다. 또는 자신에게 불필요한 습관이어서 그렇다.

군이 계속하지 않아도 생활과 일에 별 지장이 없고, 자신에게 중요한 일이 아니니 당연히 의욕도 떨어지고 해내기 귀찮다. 예를 들면, 다음과 같은 경우다.

- 평소에 영어를 전혀 사용하지 않는데 토익 900점을 따기 위해 영어 공부를 시작했다.
- 살을 빼고 싶은 마음이 없었는데, 다이어트에 성공해서 자신감 넘쳐 보이는 친구를 만나니 나도 모르게 다이어트를 하고 싶어졌다.
- 지인에게로부터 일기를 쓰면 마음을 정리할 수 있다고 들어서 매일 써볼까 싶다.

이처럼 정말 해내고 싶어서 습관화를 선택하는 것이 아니라 계속하고 싶지 않은 것, 자신에게 그다지 중요하지 않은 일에 시간과 노력을 빼앗길 필요가 있을까? 이런 마음으로 시작하면, 진정으로 하고 싶은 일이 아니므로 좌절할 가능성도 당연히 높다. 포기하고 나서는 스스로 자기평가까지 낮추니 안타까운 일이 아닐 수 없다.

끝까지 해내는 사람이 되기 위해서는 진심으로 하고 싶은 것, 계속하고 싶은 것만 선택하는 것이 중요하다.

지금까지 무슨 일인가를 끈기 있게 하지 못하고 실패한 적이 있다면, 다음과 같이 생각해보기 바란다.

'쓸데없는 일에 시간과 노력을 낭비하지 않았으므로 계속하지 않은 게 오히려 다행이다.'

그것으로 충분하다.

[원인①] 사실은 끝까지 해내고 싶다고 생각하지 않기 때문에 계속하지 못하는 상황을 극복하려면 간절히 성취하고 싶은 것을 찾아야 한다.

'진심으로 하고 싶다!'라고 생각한 것, 자신의 인생에서 중요하고 소중한 것만 골라 습관화하려고 노력하면 된다. 미리 시뮬레이션을 해보면 진정으로 계속하고 싶은 일에 몰두할 수 있다.

이것이 제1장에서 말한 키해빗이다.

인생에서 정말 이루고 싶은 것을 위한 습관, 키해빗. 정말 계속하고 싶은 것인지, 계속할 필요가 있는 것인지를 파악한 후에 습관화하자.

필요한 습관은 사람마다 다르다.

예를 들어, A씨와 B씨가 있다고 치자. 두 사람의 키해빗은 다를 것이다.

'언젠가는 내 이름으로 책을 내고 싶다'라는 꿈을 가진 A씨에게 있어서 '매일 블로그에 글을 쓴다'는 것은 키해빗이 될 것이다.

반면에 '철인 3종 경기를 완주하고 싶다'는 목표를 가진 B씨에게는 매일 블로그에 글을 쓰는 것이 키해빗이 아닐 가능성이 크다.

자신의 인생에 플러스가 되는 것, 건강에 유익한 것, 수입이 늘 것 같은 일이라면 무엇이든 좋으니 끝까지 해내고 싶다고 생각하는 사람이 있을 수도 있다.

일찍 일어나기, 영어 공부, 실력 향상을 위한 자격증 취득, 근육 운동, 금주, 블로그에 글 쓰기 등 이 모든 것을 꾸준히 할 수 있다면 인생은 급변할 것이다. 사실 이 모두는 전부터 내가 끝까지 해내고 싶다고 생각했던 것들이다.

30대 초반에 나는 이리저리 직장을 옮겨 다니고, 폭음에 폭식, 밤샘으로 피로에 절어 매사 잘 풀리지 않았다. 이대로는 안 된다, 정말 달라지고 싶다고 수없이 생각했다. 그때마다 단번에 바뀌고 싶어서 닥치는 대로 이것저것 계속하려고 했다.

어떻게든 며칠은 갔지만 계속하지 못했다. 그런 자신을 책망하고 자신감은 점점 더 없어져, 자포자기 상태로 폭음과 폭식을 하며 밤을 새우곤 했다.

지금 돌이켜보면 계속 내려가는 엘리베이터를 탔던 것 같다. 출구가 없는 미로에 들어간 것처럼 계속 괴로워했다. 그때의 절망해 있던 나 자신에게 말해주고 싶다.

'한꺼번에 전부 바꾸려고 하지 않아도 돼. 우선 자신에게 중요한 것 하나만 집중해서 계속하면 되는 거야.'

닥치는 대로 습관화하려고 하면 생각대로 되지 않는다. 정말 하고 싶은 것, 실현하고 싶은 것에 가까이 가는 습관이 나 자신의 키해빗이다. 그 키해빗을 찾아 습관화하도록 하자.

[원인 ②] 자신은 끝까지 해낼 수 없다고 믿는다

두 번째 원인은 '나는 못한다, 계속하지 못한다'고 착각하는 경우다. 말로는 "좋아, 영어를 착실히 공부해서 토익 900점을 딸 거야!"라고 말했지만, 사실은 과거에 실패한 경험을 자꾸 떠올리게 되어 '하지만 불가능할지도 몰라'라며 포기하고 만다.

체중을 줄이기 위해 운동을 시작해야겠다고 결심해놓고, '지금까지 여러 다이어트를 시도했지만, 전부 중도에 포기했어. 이번에도 나는 못할 거야, 어차피 일주일을 못 넘길 거야'라며 행동하지 않는다.

아침 5시에 일어나는 습관을 들이고 싶지만 '야근을 많이 해야 해서 힘들 것 같다' '막차로 집에 귀가하면 새벽 2시경에나 잠자리에 드는데…'라며 시도하지 않는다.

이처럼 '어차피 나는 계속하지 못할 거야', '나에게는 무리야'라고 생각하면 정말 오래가지 못한다.

R씨는 '매일 아침 동네 공원을 15분 산책해야지'라고 결심했다. 그래놓고 동시에 '나는 싫증을 잘 내서 어차피 오래 못 갈 거야'라는 생각도 들었다. 결국 6일째 되는 날 늦잠을 자서 아침 산책을 못 나갔다.

'역시 나는 무리야…' '왜 늘 계속하지 못할까?' 이렇게 책망했던 R씨는 스스로 끝까지 해내지 못하는 나 자신을 만들고 말았다.

P씨는 과중된 업무와 야근에 체력이 바닥났을 때, 마음먹고 수영을 배워보기로 했다. '새벽에 일어나서 수영장 갔다가 출근하는 게 가능할까?' 생각하며 주 3회는 도저히 무리일 것 같아서 주 2회 수영 강습을 신청했다. 결심한 첫 주는 빠지지 않고 다녔다. 재밌었기 때문이다. 그런데 두 번째 주에 야근이 있어 한 번 빠지고 그다음 주는 또 약속 때문에 한 번 빠지고… 이렇다 보니 한 달에 8번만 가면 되는데, 4번만 가고는 '그래, 나에게는 무리였어' 이렇게 해봐야 자유형도 못 하겠는걸. 그만둘래'라며 포기했다.

'어차피 나는 못 한다'는 마음가짐으로 행동하면 당연히 하지 못하는 결과를 초래한다.

하겠다고 정했는데 못한다고 생각하는 것은 가고 싶은 방향과 핸들의 방향이 일치하지 않는 것이나 다름없다. 당신이 끝까지 해낼 수 없었던 것은 계속할 수 없는 방향으로 핸들을 꺾어버렸기 때문인지도 모른다. 가고 싶지 않은 방향이 아니라 가고 싶은 방향에 집중하면 반드시 좋은 성과를 낼 수 있다.

끝까지 해내는 사람이 되기 위해서는 우선 '나는 할 수 있어'라는 자신감을 가지는 것이 무엇보다 중요하다. 그래서 이 책에서는 끝까지 해내면 어떤 미래가 올지 미리 맛보라고 주장한다. 나아가 10초 액션으로 자신감을 가진다. 단 10초만이라도 스스로 결정하고 행동하면 자신감이 길러진다.

단 10초의 행동도 스스로 정하지 못하고 의무감이나 책임감 혹은 먹고살기 위해, 회사 방침이라서, 그게 상식이니까 등 어쩔 수 없이 움직이면 자신감은 생기지 않는다. 모처럼 행동에 옮겨도 자기긍정감이나 성과도 잘 나타나지 않고, 스트레스가 쌓이거나 피폐해진다.

물론 결과가 좋거나 실적이 나야 자신감을 가질 수 있다는 사람도 있다. 하지만 설령 결과적으로 잘 되었고 두드러지는 실적을 올렸다고 해도 마지못해서 한 것이라면 별로 기쁘지 않고, 성취감이나 충만감도 들지 않을 것이다. 반대로 안 좋은 결과를 불렀고 실적도 썩 좋지 않을 때는 '내가 하고 싶어서 한 것도 아닌데 뭘' 하는 식으로 남 일처럼 받아들이거나

'부탁 때문에 해준 것뿐인데'라고 타인을 탓하고 싶어진다. 결과적으로 반성을 하지 않기 때문에 자기 성장도 멈춘다.

[원인②] 자신은 끝까지 해낼 수 없다고 믿기 때문에 계속할 수 없는 것을 극복하기 위해서는 목표가 무엇인지 생각해 본다. 즉, '만약에 간단하게 습관 들일 수 있다면?' '만일 ○○을 자연스럽게 할 수 있다면?'이라고 상상한다.

뭔가를 성취한 미래를 떠올리며 뿌듯해하는 나 자신을 미리 체험하면 무력감을 없앨 수 있다. 자신에게 특별한 도전이며 힘든 일을 해냈다는 자신감 앞에서 좌절은 옴짝달싹할 수 없기 때문이다.

'당연히 할 수 있어! 자연스런 일상이야'라고 믿으면 계속하는 것이 괴롭고 어렵거나 불가능하다는 생각은 들지 않는다.

예를 들어, 다이어트에 성공했거나 목표한 이상적인 체형을 유지하고 있는 사람은 운동할 시간에 게으름을 피우거나 간혹 폭식이나 폭음을 하게 되더라도 개의치 않는다. 그러니 당연히 자기 자신을 책망하는 일도 없을 것이다. '내일부터 다시 일상으로 돌아가야지'라며 목표한 그 일을 계속할 뿐이다.

끝까지 해내는 사람이 되기 위해서는 일이 잘 되든 안 되든 감정을 소모하거나 낭비하지 않는 것이 중요하다. 나의 감정을 자연스럽게 받아들이면 끈기 있게 계속할 수 있고, 담담히 일상생활을 할 수 있다.

예를 들어, 방을 치울 수 있는 사람은 방이 어질러져 있다고 해서 절망하거나 자기 자신을 책망하지 않는다. 그저 묵묵히 치울 뿐이다. 감정에 휩쓸리지 않고, 방이 어떻든 간에 쉽게 울고 웃지 않는다.

'할 수 있다/할 수 없다'로 받아들이는 사람은 쉽게 울고 웃는다.

'한다/하지 않는다'로 받아들이는 사람은 한 발씩 나아간다.

'할 수 있다/없다'가 아니라 '한다/하지 않는다'로 상황을 파악하자. 오늘 하지 않았으면 내일 만회하면 된다.

그리고 10초 액션을 하라. 단 10초만이라도 내가 스스로 선택한 액션이 잘 되면 자기긍정감이 고취되고, 힘과 의욕이 생긴다. 그리고 10초 액션이 잘 되면 한발 더 나아갈 힘이 생긴다. 설령 잘 되지 않아도 스스로 결정해서 움직였을 때는 '다음에는 이렇게 하자' '이렇게 하면 잘 될 것이다'라고 바로 재도전할 수 있다.

[원인 ③] '귀찮다' '계속하기 힘들다'라고 생각하면서 행동한다

세 번째는 행동할 때 '귀찮다'라는 생각이 들거나, 현실적으로 계속하기 어려워서 성공하지 못하는 경우다.

예를 들어, '매일 30분 조깅할 거야!'라고 아침에 일어났지만, 운동복으로 바꿔 입는 것이 귀찮다. 또는 어제 과음을 해 피곤해서 달리기 싫다고 느낀다. 배가 고픈데 달리는 것도 힘들다.

이런 마음 상태로는 행동하는 것은 물론이고 계속하기도 어렵다. 즉, 행동하기 위한 장벽이 너무 높다. 행동을 계속하는 장벽이 높아서 실행하기를 두려워하는 유형이다.

[원인③] '귀찮다' '계속하기 힘들다'라고 생각하면서 행동하는 것을 극복하기 위해서는 귀찮다, 어렵다는 생각이 들지 않을 만큼 간단한 것부터 시작하면 된다. 그럼에도 불구하고 계속할 수 없을 때는 10초 액션이 효과적이다.

'10초 액션'은 말 그대로 10초 만에 할 수 있는 행동을 하는 것을 뜻한다. 제4장에서 다룰 루틴 노트를 활용해서 30초간 맛본 감정과 상황으로, 이어지는 행동 중에 바로 할 수 있는 한 가지 액션을 10초 동안 하는 것이다.

10초 동안 '귀찮아' '힘들어' '어려워서 못 해' '시간이 없어서 못 해' '자신이 없어서 못 해' '돈이 없어서 못 해' '제대로 못할 것 같아서 안 해' '계속할 수 있을 것 같지 않아서 안 해' '제대로 준비가 안 돼 있어서 안 해'와 같이 생각할 수 있을까?

'실패하면 어떡하지? 불안한데…'라는 생각이 들 때도 누구나 10초라면 행동할 수 있다는 사실을 기억하자.

결심하는 건 쉽다,
계속하는 게 어렵지

지금까지 끝까지 해낼 수 없는 3가지 원인과 그것을 극복하는 방법에 대해 기술했지만, '계속할 수 없다'를 '계속할 수 있다'로 바꾸는 더 간단한 방법이 있다.

바로 미래 앵커링이다. 이 미래 앵커링은 루틴 노트를 활용해서 할 수 있다.

루틴 노트는 '첫걸음 행동'을 습관으로 바꾸기 위한 방법을 체계화하기 위해 작성한다. 두 부분으로 구성되어 있는데, '습관화 시트'와 '작심삼일 시트'다. 다음 3단계로 행한다.

①		②		③
습관화 시트를 작성한다.	>	습관화 시트를 보고 30초간 맛보고 10초 액션을 취한다.	>	작심삼일 시트에 20초 안에 적는다.

이렇게 단 3가지 단계를 실행하는 것만으로도 지금까지 몇 번이나 시도해도 계속할 수 없었던 일을 싫증 내거나 괴로워하지 않고 지속할 수 있다. 이 단계를 밟음으로써 앞서 언급한 끝까지 해내지 못하는 3가지 원인을 극복하고 계속하게 된다.

30초 맛보기로 정말로 계속하고 싶은 것인지를 확인할 수 있기 때문에, [원인①] 사실은 끝까지 해내고 싶다고 생각하지 않기 때문에 계속하지 못하는 상황에 대한 대책이 된다. 또한 계속할 수 있었던 미래의 자신으로부터 역산할 수 있기 때문에 [원인②] 자신은 끝까지 해낼 수 없다고 믿기 때문에 계속할 수 없는 것에 대한 대책도 된다.

그리고 10초 액션에서 시작해서 3일을 한 단위로 작심삼일 시트에 기입해나감으로써 '귀찮다' '어려워서 계속할 수 없다'라는 생각이 없어진다. 결국 이것이 [원인③] '귀찮다' '계속하기 힘들다'라고 생각하면서 행동하는 것에 대한 대책이 된다.

맛보고 싶은 감정이
목표를 만든다

그렇다면 맛보고 싶다고 바라는 감정의 목표, 반대로 맛보고 싶지 않다고 바라는 감정. 이것을 단 한 페이지에 정리할 수 없을까?

나는 이런 생각 끝에 습관화 시트를 개발했다.

습관화 시트는 감정의 목표를 설정하기 위한 칸이다. 우리는 무언가를 시작하거나 계속하고 싶을 때 5킬로그램 감량, 토익 600점처럼 수치로 된 목표만을 내세우기 쉽다.

물론 숫자로 보는 목표도 중요하다. 하지만 이것은 결승 테이프에 지나지 않는다. 계속 행동해서 도달하고자 하는 것은 '골인한 후에 맛볼 수 있는 감정'이다.

나는 달성하려는 상황과 감정을 합쳐서 '감정의 목표'라고 부른다. 수치 목표를 설정하는 것뿐만 아니라, 감정의 목표도 설정하자. 감정의 목표가 구체적이면 구체적일수록 당신은 그 목표에 이끌려 자연히 행동을 지속한다.

'맛보고 싶다!'라고 바라는 감정도 있지만 다른 한편으로 '맛보고 싶지 않아!'라고 바라는 감정도 존재한다. 인간이 행동하는 원인은 크게 나누어 두 가지뿐이다. 하나는 쾌락추구고 다른 하나는 불쾌회피다. 맛보고 싶다고 바라는 감정은 쾌락추구, 맛보고 싶지 않다는 감정은 불쾌회피에 해당한다.

'쾌락추구'란 인간은 기쁨을 얻기 위해 행동한다는 원리에서 비롯된다. '즐겁다, 기쁘다, 두근두근, 감동, 후련함' 등 사람은 정말 맛보고 싶은 감정을 위해 자연스럽게 움직인다.

반면 '불쾌회피'는 인간은 고통을 회피하기 위해 행동한다는 원리에서 비롯된다. '힘들다, 괴롭다, 아프다, 부끄럽다, 불안, 불만, 허무하다' 등 맛보고 싶지 않은 감정을 피하기 위해서라도 사람은 움직인다. 불쾌회피의 극단적인 예로, 불이 났을 때 발휘되는 초인적인 힘이 있다. 사람은 극한 상황에 처하면 엄청난 힘을 낸다.

습관화 시트에는 쾌락추구와 불쾌회피 2가지의 행동원리를 도입했다.

다이어트를 예로 들어보자. 다이어트를 하기까지, 다이어트를 하는 동안 '지금 그대로 생활을 계속하면 3개월 후에는 체중이 5킬로그램 늘어버린다. 이러려던 것이 아닌데…' '아무도 만나고 싶지 않아' '입을 옷이 없어서 괴로워' '건강검진을 받았더니 아니나 다를까 문제가 있대. 충격이야…' 등과 같은 감정이 든다.

이 맛보고 싶지 않은 감정조차도 끝까지 해낼 수 있도록 도와준다. 왜냐하면 어떠한 이유에 의해서 끝까지 해내지 못할 위기에 처했을 때 강력한 제어 역할을 해주기 때문이다.

20XX년 ○월 △일

감정의 목표 시각화

습관화 시트

10초 액션 리스트

-
-
-

[맛보고 싶다]	[맛보고 싶지 않다]
만일 습관화하면 어떤 점이 좋은가?	만일 습관화하지 못하면 어떻게 되나?

[맛보고 싶다]
만일 습관화하면
어떤 점이 좋은가?

-
-
-
-
-
-

[맛보고 싶지 않다]
만일 습관화하지 못하면
어떻게 되나?

-
-
-
-
-
-

작심삼일도 반복하면
습관이 된다

매일 10초 액션을 착실하게 실행해서 끝까지 해내게 만드는
칸이 작심삼일 시트다. 무슨 일이든 계속하려고 할 때 가장
먼저 작심삼일이라는 벽에 봉착한다. 즉, 모처럼 계획했던 일
을 시작해도 계속하지 못하고 바로 그만둔다. 특히 맹렬하게
시작한 사람일수록 식는 것도 빠르다.

하지만 이는 의지가 약해서도, 능력이 부족해서도, 싫증을
잘 내는 성격이라서도 아니다.

뇌의 방위본능 때문이다.

뇌는 변화를 싫어하는 방위본능을 가지고 있어서 새로운
일이나 어려운 일보다 지금까지 살아온 현상유지를 선호한

다. 뇌는 내가 처한 상황이 갑자기 바뀌지 않도록 막으려고 한다.

어제까지만 해도 아침에 침대에서 뒹굴뒹굴했는데 갑자기 일찍 일어나려고 하면 뇌는 변화를 거부하며 원래 하던 대로 돌아가자고 방해한다. 이것을 의지의 힘이나 근성으로 조절하려고 하면 며칠은 갈지 모르지만 결국 뇌의 본능이 이기고 만다. 이른바 작심삼일이나 리바운드 현상이 일어나기 때문이다.

하지만 조금씩 일어나는 변화는 받아들일 수도 있다. 갑작스러운 변화는 생명의 위험을 초래할 수도 있기 때문에 피하고 싶어진다. 하지만 전혀 변화가 없는 것은 성장과 발전도 전혀 없다는 뜻이기 때문에 생명에 위험을 불러오는 것은 마찬가지다. 이러한 이유로 뇌는 조금씩 일어나는 변화를 받아들이는 성질이 있다.

뇌의 가소성(탄성 한계 이상의 힘을 받으면, 그 힘이 사라져도 영구적으로 변형하는 물질의 특성) 때문에 갑자기 변하지는 않지만, 조금씩이라면 계속해서 바꿀 수 있다. 그렇기 때문에 마음 편하게 10초 만에 가능한 작고 구체적인 행동을 첫걸음으로 시작하는 것이 중요하다.

작심삼일 시트는 3일에 1페이지를 작성한다. 이렇게 작심삼일을 반복함으로써 자연스럽게 계속할 수 있는 시스템이다.

작심삼일 시트

10초 액션

_____

날짜	마크	코멘트 한마디

10초 액션

날짜	마크	코멘트 한마디

나아가 필요에 따라 3일마다 '10초 액션' 내용을 바꿔 나갈 수 있다. 그 결과 무리 없이 계속할 수 있을 뿐만 아니라 조금씩 질을 높일 수 있기 때문에 만성화를 막으면서 최단 기간에 성과를 낼 수 있다.

루틴 노트의 습관화 시트와 작심삼일 시트는 A4용지나 시트에 선을 그려서 직접 만들어도 된다. 물론 이 책에는 부록으로 루틴 노트가 실렸으므로 그런 수고를 하지 않아도 된다.

루틴 노트의 작성 방법은 제4장에서 자세히 소개하겠다.

해낼 수 있다는
마음에서 출발!

미래 앵커링을 실천하기 전에 한 가지 주의점이 있다.

그것은 끝까지 해낼 수 있다는 전제(마인드 세트, 마음가짐)로 행동을 시작하라는 것이다. '어차피 나는 계속하지 못할 거야'라고 믿으면 결국 끝까지 해내지 못한다.

계속했을 때 이루어질 꿈이나 생각을 '실현해냈다!'고 상상하는 지점에서 시간을 거슬러 돌아와 그런 자신이 되기 위해 계속하고 싶은 것이 무엇인지를 떠올리자. 꿈이나 목표를 실현한 미래의 자신이 되어, 미래의 그런 자신이 습관화하고 있는 일을 수행하는 것이다.

제2장의 첫머리에서 말한 대로 계속되지 않는 원인은 3가

지뿐이다. 실은 끝까지 해내고 싶다고 생각하지 않는다, 자신은 끝까지 해낼 수 없다고 믿는다, 행동할 때 '귀찮다' '계속하기 어렵다'라고 생각한다. 이 3가지 원인은 마음가짐에 큰 영향을 미친다. 그러니 '끝까지 해낼 수 있다' '계속할 수 있다' '계속해서 실현할 수 있었다!'라는 전제에서 시작하기로 하자.

위대한 예술가인 파블로 피카소도 "할 수 있다고 생각하면 할 수 있고, 할 수 없다고 생각하면 할 수 없다. 이것은 절대적인 법칙이다"라고 말했다.

전제라는 것은 원래부터 생각일 뿐이니, 이왕이면 못한다고 믿는 것이 아니라 할 수 있다고 믿자. 진심으로 해냈다는 전제로 상상하는 것이다. 해냈을 때의 감정이나 시뮬레이션을 구체적으로 그려보고 음미해보기 바란다.

그것을 실현해낸 자신이라면 어떤 일이든지 할 수 있다. 전제가 바뀌면 나머지는 자연스러운 일상이 된다. '그래서 또 계속할 수 있다' '성취할 수 있다'는 가정하에 감정과 마음에서 우러나온 습관을 실천해나가자.

끝까지 해낼 수 있는 전제로 바뀐다!
마인드 세트를 만드는 방법

전제를 바꾸려면 구체적으로 어떻게 해야 할까? 그 방법은 자신에게 묻는 말과 순서를 바꾸는 것이다. 계속할 수 없다고 생각하는 사람은 다음의 유형이 대부분이다.

현실(현상) > 어떤 제약이 있나? > 제약 속에서 무엇을 할까?

지금의 현실(현상)을 보고 '어떤 제약이 있을까?' 그런 가운데 '무엇을 할 수 있을까?'라고 생각한다. 구체적으로는 다음과 같은 것이다.

현실(현상)	>	3개월 이내에 토익 시험에서 730점을 따지 못하면 승진하지 못한다.
어떤 제약이 있나?	>	시간도 정신적인 여유도 없다. 돈도 없다. 원래 영어에 소질이 없다. 기억력이 좋지 않다.
제약 속에서 무엇을 할까?	>	잠잘 시간을 줄여 열심히 공부할 수밖에 없다. 아무리 생각해도 나에게는 무리이기 때문에 승진은 포기할 수밖에 없다.

이 전제를 바꾸기 위해서는 물어보는 말과 순서를 바꾸면 된다.

사실은 어떻게 하고 싶나? > 현실(현상) > 목표에 다가가기 위해 무엇을 할 수 있나?

현실은 일단 제쳐두고 가장 먼저 "사실은 어떻게 하고 싶어?"라고 묻는다. 그런 다음 '현실(현상)'을 보고 "목표에 다가가기 위해 무엇을 할 수 있나?"라고 묻는다.

사고 패턴을 이런 식으로 바꾸면, 무엇이든 꾸준히 계속할 수 있는 마인드 세트가 만들어진다.

사실은 어떻게 하고 싶어?	영어책을 자연스럽게 읽고 싶다. 영어 원서를 읽을 수 있으면 좀 더 나은 제안을 할 수 있다. 즐겁게 공부할 수 있으면 좋겠다.
현실(현상)	시간도 정신적인 여유도 없다. 돈도 없다. 원래 영어는 소질이 없다. 기억력이 좋지 않다.
목표에 다가가기 위해 무엇을 할 수 있나?	우선 지하철로 왕복 90분 걸리는 출퇴근 시간에 스마트폰 앱으로 영어를 공부해보자. 전부터 읽고 싶던 미국의 자전거 전문잡지를 사서 읽어보자. 잡지를 읽으면서 모르는 단어를 조사하면 토익 준비가 될지도 모른다.

어떤가?

영어 공부를 예로 들었지만 다른 습관을 들이고 싶을 때도 마찬가지다. 지금까지 계속하고 싶은데 계속하지 못했던 이유는 이처럼 '어차피 나는 계속하지 못할 거야', '나에게는 무리'라는 전제가 있었기 때문인지도 모른다. 자신에게 물어보는 순서를 바꾸는 것만으로도 부정적인 전제에서 벗어나서 '할 수 있다', '계속할 수 있다'로 마인드가 달라진다.

이는 미래 앵커링으로 간단하게 실현 가능하다. 미래 앵커링은 다음 장에서 소개할 루틴 노트를 활용하면 된다.

3장

누구나 진심으로 끝까지
해내고 싶은 게 있다

1 MINUTE

DAILY

ROUTINE

누구나 진심으로 끝까지
해내고 싶은 그 무엇이 있다

제2장에서 끝까지 해낼 수 없는 이유와 루틴 노트에 대해 이야기했다. 여기서는 루틴 노트 작성을 시작하기 전에 먼저 할 일인 나를 소중히 여기고, 나 자신과 친해지는 방법을 소개하고자 한다.

왜 나부터 소중히 여겨야 할까? 도대체 왜 나 자신과 친해지라는 걸까? 그것이 끝까지 해내는 일과 무슨 관계가 있으며 어떻게 습관을 만든다는 말일까? 결론적으로 말하면, 자신을 소중히 여기지 않고 친해지지 않으면 자기 자신의 소리에 귀 기울이지 못한다. 그러면 나 자신과의 의사소통에 문제가 생겨서 도대체 뭘 진정으로 원하는지 모른다. 그런 사람이 어떻게 끝까지 해내고 싶은 일을 떠올리겠는가. 당연히 못한다. 그러므로 끝까지 해내고 싶을 때는 나를 소중히 여기기부터 해야 한다.

자신과 사이가 좋은 사람은 내 자신의 소리를 잘 알아듣고 이해하며 의사소통이 원활하다. 반면에 계획했던 일을 좀처럼 계속하지 못하고, 작심삼일로 끝내버리는 대부분의 사람이 자신을 소중히 여기지 않는다. 자기 자신과 사이가 좋지 않거나, 자신과 싸우고 만다. 자신감이 없고, 나 자신을 그다지 좋아하지 않으며, 신뢰하지 않는다. 늘 책망하기까지 한다.

그렇더라도 딱히 문제가 없다면 다행이다. 그러나 계획했던 일이 예정대로 되지 않았을 때, 하긴 했는데 원하는 상황으로 발전하지 않았거나 돌발적인 일이 발생하면 문제가 일어난다. 자신과 사이가 좋지 않으면 지나치게 불안해하거나나 자신을 지나치게 책망하거나, 아예 그 계속하려던 일을 포기해버린다.

당신은 자기 자신의 소리에 얼마나 귀 기울이고 있는가?

자기 자신의 3가지 목소리인 머리의 소리, 몸의 소리, 그리고 마음의 소리에 깊이 귀 기울여라. 그것이 자신과 사이가 좋아지는 첫걸음이며, 진심으로 손에 넣고 싶은 습관을 들이는 첫 단추다.

불안감도 있는
그대로 인정해라

3가지 소리 중에서 특히 마음의 소리에 의식해라.

자신과 사이가 좋지 않은 사람은 듣고 싶은 긍정적인 소리만 듣고 부정적인 마음의 소리는 무시하는 경향이 있다.

물론 무슨 일인가를 시작할 때 당연히 긍정적인 기분이 들때가 더 많다.

'자신이 생겼다' '왠지 할 수 있을 것 같은 기분이 들기 시작했다' '희망이 보이기 시작해서 두근거린다' '매일매일 즐겁다' 이런 식이다.

한편 그 일을 계속하면서 부정적인 기분이 들기도 한다.

'이런 일을 매일 하다니 귀찮다' '또 하다가 말면 어쩌나?'

'미래를 생각하면 불안한 생각밖에 들지 않는다' '이런 것을 계속해봤자 아무것도 달라질 것 같지 않아서 괴롭다'처럼 말이다.

자신과의 사이가 좋지 않은 내가 부정적인 마음을 받아들이는 방법은 보통 3가지다.

첫 번째, 무시한다. 사실은 부정적인 마음이 드는데 '기분 탓' '뭔가 잘못됨'이라고 치부하고 마음의 소리를 무시한다. 때로는 무리해서 긍정적인 기분으로 바꾸려고 할 때도 있다.

두 번째, 비판한다. '이제 막 시작했는데 귀찮다' '도저히 안 된다'라고 마음의 소리를 부정하거나 '바로 부정적인 생각이 드는 걸 보니, 나는 안 돼'라고 자신을 비판하곤 한다.

세 번째, 변명한다. '오늘은 피곤하니 어쩔 수 없다'라고 포기하거나 '나름 열심히 했는데 주위에서 인정해주지 않으니 이렇다!'라고 오히려 화를 낸다.

이처럼 지금 내 마음이 말하는 소리에 다가가지 못하고 무시하거나 부인하면 거기에서 멈추고 만다. 결국 끝까지 해내지 못한다.

내 안의 부정적인 부분을 마주하는 것은 결코 유쾌한 일이 아니다. 하지만 어떻게 받아들일지는 의외로 중요하다. 자신과 사이가 좋은 사람은 자신의 부정적인 부분도 받아들일 수 있다.

'자신의 부정적인 마음을 받아들이면 행동하는 데에 지장이 생기지 않을까?'라고 의아할 것이다. 안심해라. 자신의 마음의 소리를 받아들이는 것과 마음의 소리에 따르는 것은 별개이기 때문이다.

마음의 소리가 귀찮다고 말한다고 '자, 그만두자'라고 따르는 것은 현명하게 받아들이는 것이 아니다. '받아들인다'는 것은 일단 중립적으로 냉정하게 수용한다는 뜻이다. 중립적으로 수용한다는 의미는 자신이 생각하는 것, 느끼는 것에 대해 '좋고 나쁘다'라는 판단이나 평가를 하지 않고 있는 그대로 받아들이는 것이다. 전후에 부정, 비판, 비난 등 아무 감정도 덧붙이지 않아야 한다.

'실은 계속하는 게 귀찮아' '또 실패하면 어쩌나 불안해' '성과를 알 수 없어서 하기 싫어졌어'라는 부정적인 감정을 받아들이기만 하면 된다.

그다음 '귀찮다고 생각하는 내가 이제 무엇을 할 수 있을까?' '불안한 상태에서 무엇을 할 수 있을까?' '하기 싫어진 지금 대체 어떻게 해야 하지?'라고 자신에게 물어본다.

얼핏 부정적이고 계획한 일을 계속하는 데 방해가 될 것 같은 대답이 들려도 무시하지 말자. 지금 그렇게 생각하고 느끼는 데는 반드시 이유가 있다. 일단 중립적이고 냉정하게 받아들이자. 그것이 자신과의 사이가 좋아지는 첫걸음이다.

자신과의 사이가 좋아지기 위해서는 실시간으로 나의 감정을 파악해야 한다.

'사실은 하고 싶지 않아' '귀찮아' '잘 안 되면… 이라고 생각하면 두려워' 이런 생각이 드는데 무시해버리면 자신과의 사이가 좋아질 수 없다. 당연히 행동도 계속할 수 없고 계획했던 일을 끝까지 해내지도 못한다. 자신의 현재 느낌을 계속 무시하면 마음의 소리를 듣지 못해서 감정이 무뎌진다.

항상 긍정적으로 살 수는 없다.

때로는 좌절하기도 하고, 불안해하기도 하고, 모든 것이 싫어지기도 할 것이다. 인간이기 때문에 당연한 일이다.

중요한 것은 늘 긍정적인 상태여야 한다가 아니라 지금 자신의 진짜 마음이 어떤지를 파악하는 일이다. 감정의 현주소를 알고 받아들일 수 있어야 비로소 그것으로부터 탈출할 수 있는 길이 보인다.

"에이, 못해!"라는 부정적인 감정도 받아들여라

재능은 비슷했지만 인생은 극과 극이었던 두 예술가, 반 고흐와 파블로 피카소가 있다. 나는 그 이유를 부정적인 감정에 머물렀느냐 아니냐의 차이에 있었다고 본다.

반 고흐는 무명 시절에 자신이 가난과 병에 시달리다가 고통스럽게 죽는 그림을 그렸다. 그리고 마치 예언이라도 하듯 "나는 평생 이렇게 살다가 비참하게 죽을 것 같아" "나는 돈과 인연이 없나 봐" "불행해! 불행해!" 이런 말을 일삼았다.

30대 초반에 이미 백만장자가 되었다고 알려진 피카소도 반 고흐 못지않은 무명 시절이 있었다. 그는 비록 빈민가에 살면서도 마음속으로 엄청난 세계적인 화가가 되어 부와 명

예를 가진 자신의 모습을 상상했다. 그리고 "나는 그림을 그려서 억만장자가 될 거야!" "나는 세계 미술사에 한 획을 긋는 위대한 화가가 될 것이다" "나는 엄청난 부자로 살다가 부자로 죽을 것이다"라고 말하곤 했다.

부정적인 감정을 받아들인 반 고흐는 이후에 '그렇다면 내가 무엇을 할 수 있을까?'를 생각했어야 한다. 그는 감정을 긍정적인 상태로 회복시킬 노력은 하지 않고 계속 부정적인 메시지만 보냈다.

'나는 할 수 있다'고 마음속으로 생각하고 있는 영업사원과 '나는 할 수 없어, 무리야'라고 생각하는 영업사원이 있다고 치자. 고객은 결국 누구의 상품이나 서비스를 원하게 될까? 가격과 내용이 서로 다를 바 없다면 긍정적인 사람에게 끌리고 그가 권하는 대로 사고 싶지 않을까? 설령 눈에 보이지 않아도 감정 상태에 따라 상대방이 받아들이는 이미지가 달라진다. 일의 성과도 감정 상태에 따라 좌우되기 마련이다.

감정의 컨디션이 나쁜 상태(무리라고 생각하거나 할 수 없다고 포기)인 영업사원은 아무리 설득 능력이나 기술이 뛰어나도, 혹하는 제안을 해도, 좀처럼 만족할 만한 성과를 얻지 못한다.

지금 당신의 마음속에서 부정적인 메시지를 보내고 있으면 어떻게 해야 할까?

평소와 같은 행동을 계속하려고 애쓰지 말고 마음을 긍정적인 상태로 회복시켜야 한다.

제일 먼저, 부정적인 메시지도 받아들인다. 두 번째, 나아가 그 상태에서 할 수 있는 것, 조금이라도 나아지게 할 행동을 찾는다. 마지막으로, 부정적인 메시지를 긍정적으로 회복할 수 있는 좋은 습관을 만든다.

감정 상태는 내가 원하는 일에 대한 결과에 엄청난 영향을 미친다. 머리와 몸의 컨디션도 그렇지만 감정은 그보다 더 크게 좌우한다는 사실을 명심하자.

감정에 집중해서
루틴을 틔우는 행동법 3가지

행동하지 않는 사람은 자신을 쉽게 책망하곤 하는데, 우선 그런 마음가짐에서 벗어나야 한다. 그러기 위해서는 감정을 있는 그대로 받아들여야 한다. 그다음 만약 자기 자신을 책망하고 부정적인 감정에 머물러 있지 말고 긍정적으로 바뀔 수 있는 행동을 모색하자.

'자신감을 가져라'라는 말은 간단하게 들리지만 실천하기 쉽지 않다. 마음의 소리에 귀를 기울이고 그를 받아들여 부정적일지라도 긍정적으로 행동으로 바꿔나가면 점차 자신감을 회복할 수 있다.

다시 말하지만, 마음의 소리를 잘 듣기 위한 핵심 방법은 내 감정에 집중하는 것이다. 지금 내 감정을 제대로 바라볼 때 계속할 수 있고, 끝까지 해내는 습관을 얻을 것이다.

다음 감정에 집중한 3가지 행동법으로 좋은 습관의 싹을 틔워라.

① 마음의 소리를 받아들이되, 부정적이라면 긍정적인 상태로 회복시키려고 노력한다.
② 내 마음에게 '원래 어떻게 하고 싶었니?'라고 묻는다. 그다음 끝까지 해내려던 일의 원점에서 나의 감정을 뒤돌아본다.
③ 현재 자신이 할 수 있는 일을 있는 그대로의 상태에서 시도해 본다.

4장

매일 1분이면 나도 모르게 계속하게 된다

1 MINUTE

DAILY

ROUTINE

고작 메모 한 장으로
끝까지 해내는 사람이 된다

루틴 노트는 내가 지금까지 배우고 습득해온 최신의 뇌 과학 지식, 코칭 기술 등으로 개발해낸 포맷이다. 그리고 목표실현 전문가로서 실제로 이뤄낸 나의 성과를 고스란히 담았다. 그동안 내가 개최해온 세미나나 연수에 참여한 수강생 중에는 실제로 이 노트를 활용해서 습관화에 성공한 사례가 많다.

이 노트를 보고 '어, 이런 것으로 정말 습관화에 성공했다는 거야?'라고 느낀 사람이 있을지도 모른다. 나는 반드시 할 수 있다고 단언한다.

왜냐하면 '저 목표에 도달하고 싶어!' '그 감동을 꼭 맛보고 싶어!'라는 감정은 그만큼 강력하기 때문이다. 앞에서도 언급한 것처럼 사람은 감정에 따라 자연히 몸이 움직이게 되어 있다.

그럼에도 불구하고 대부분의 사람은 '맛보고 싶다'가 지닌 힘을 온전히 사용하지 못한다. 앞으로 나는 고작 메모 한 장에 쓰는 '맛보고 싶다'라는 감정으로 어떻게 끝까지 해내는 사람이 될 수 있는지 알려주겠다.

나도 모르는 사이에
계속하게 된다

내 애독서 중에 하나인 스티븐 코비의 세계적인 명저 《성공하는 사람들의 7가지 습관》에서 보면, "목수들에게는 하나의 규칙이 있다. '한 번 자르기 위해 두 번을 재라'는 것이다"라는 내용이 나온다. 처음 자를 때는 원하는 완성형을 철저히 고려했는지 확인해야 하고, 두 번째에서 "벽돌을 쌓고, 모르타르를 바를 수 있다. 또 우리는 매일 집 짓는 현장에 가서 청사진에 따른 그 날의 작업을 지시하게 된다. 결국 이것은 우리가 최종목표를 염두에 두고 진행한 것이다"라고 했다.

코비 박사의 이 말이 매우 감동적으로 받아들인 나는 이 문구를 내 나름대로 '먼저 완성형을 떠올리며 설계도를 만든다(지적창조), 그다음에 실제로 공사를 한다(물적창조)'와 같이 해석했다.

그러고 나서 매일 '한 번 자르기 위해 두 번을 재라'를 생활 속에서 실천해왔다. 덕분에 오늘의 내가 만들어졌다고 생각한다.

여기에서 루틴 노트 작성의 힌트를 얻을 수 있다. 우선 완성형을 상상하면서 설계도를 그린다. 즐겁게 망상하고 어떤 상황에서 어떤 감정을 맛보고 싶은지 제대로 확인한다. 그 장면과 감정이야말로 당신에게 완성형(감정의 목표)이다. 그 완성도가 제대로 되어 있을수록 실제의 공사(행동)가 상당히 진전된다.

루틴 노트에서 단 1페이지의 간단한 습관화 시트는 완성형을 떠올리며 만든 설계도다. 작성해서 실천하면, 당신의 발걸음은 완성을 향해 자연스럽게 전진하고, 시간이 지남에 따라 걷는 속도도 빨라질 것이다. 이 행동을 실제로 공사하는 행위로 이해하면 된다.

'자신도 모르는 사이에 언제부터인가 계속하고 있었다.'

습관화 시트는 이렇게 생각하게 만드는, 이런 식으로 습관화에 성공하게 해주는 신비한 힘을 지녔다.

여기서 당부한다! 습관화가 목적은 아니다. 습관화를 통해 얻는 성과가 목적이고, 그것을 손에 넣어야 한다. 공사를 마치면 당신은 원하는 것을 손에 넣을 수 있어야 한다. 그러니 목적은 스티븐 코비가 "결국 이것은 우리가 최종목표를 염두에 두고 진행한 것이다"라고 한 것처럼 공사를 끝까지 마쳐서 원하는 집을 갖는 것이다.

매일 1분, 루틴 노트로
습관의 절반은 내 것

그럼 이제 자연스럽게 습관을 들이게 만드는 루틴 노트를 활
용하자.

① 계속하고 싶은 일을 적어본다.
② 계속하고 싶은 일에 우선순위를 매긴다.
③ 최우선 리스트로 습관화 시트를 작성한다.

루틴 노트는 매일 아침 1분이면 충분히 쓴다. 30초 동안
습관화 시트를 바라보며 맛보고자 하는 마음의 소리를 듣고
미래를 생생하게 상상한다. 그리고 10초 동안 액션! 그 결과

를 작심삼일 시트에 적는다. 끝!

이렇게 간단히 작성하고, 이 과정을 매일 반복하면 된다.

계속하고 싶은 일을 적어본다

우선 '이거 계속할 수 있으면 좋겠네' '습관화하고 싶어' '지금까지 하지 못했지만 이번에야말로 계속하고 싶어'라고 생각하는 것을 종이 왼쪽 빈칸에 나열해보자.

그리고 한 가지 항목씩 빈 포스트잇에 적어보자.

이렇게 하는 이유는 아이디어를 내기 위해서다.

①을 할 때 포인트는 '이것은 어려우니 계속하지 못할 거야' '계속하면 힘들 거야' '정말 계속하고 싶은 것이 아닐지도 몰라' 이런 생각을 하지 않는 것이다.

'○○을 해야 하는데…'라는 식으로 적어도 된다. 뭐든지 떠오르는 것을 자꾸 적어보자. 그다음 단계에서 정리하면 된다. 아이디어를 내는 시간과 정리하는 시간은 완전히 구분한다.

자, 당신이 '이거 계속할 수 있으면 좋겠네' '습관화하고 싶어'라고 희망한 사항을 생각나는 대로 열거해보자. 일, 사생활, 가족, 취미 등 몇 가지 카테고리로 나누어서 생각하면 떠올리기 쉽다.

산책, 근육 운동, 달리기, 스트레칭, 명상, 정리정돈, 독서, 공부, 자격증 취득, 일에 대한 연구, 일기 쓰기, 가계부 정리하기, 블로그에 글 쓰기, 다이어트, 금주, 금연, 절약, 일찍 일어나기, 규칙적인 생활, 자취, 구두 닦기, 편지나 이메일 답신 보내기 등이다.

계속하고 싶은 일에 우선순위를 매긴다

계속하고 싶은 일을 얼마나 많이 썼는가?

그러면 그 포스트잇을 열거해나가자. 당신이 지금 가장 습관화하고 싶은 일은 제일 위에, 그렇게까지 습관화하지 않아도 되는 일은 아래쪽으로 나열해라.

그다음 가장 위쪽에 있는 내 인생이 달라질 만한 습관을 세 항목까지 적어보자.

최우선 리스트로 습관화 시트를 작성한다

습관화 시트 작성 시간은 대략 15분 정도가 기준이다. 아무리 길어도 30분 이내에 완성하자. 신속하게 작성하는 이유는 훌륭하고 멋진 시트를 완성하는 것이 목적이 아니기 때문이다.

시간을 너무 들이면 시트를 만드는 데만 만족하고 행동에 옮기지 않는 사람이 많다. 노트를 작성하는 목적은 행동해서 끝까지 해내는 루틴을 갖는 것임을 잊지 말자.

자, 여기까지다.

시간이 걸릴 것 같으면 우선 임의로 완성하고 다음 페이지 〈습관화 시트 작성 7단계〉에서 적는다.

두근두근한 순간을
떠올리면 미래가 바뀐다

〈습관화 시트 작성 7단계〉는 다음과 같이 진행한다.

제일 먼저 '계속할 수 있으면 이렇게 된다'고 생각하는 장면을 상상한다. 당신은 습관화에 성공하고 바라는 결과를 손에 넣었을 때, 어떤 상황을 불러오고 어떤 것을 맛보고 싶은가? 계속하면 '이렇게 된다' '이렇게 되고 싶다' 하는 것을 자유롭게 상상해보자.

다이어트에 성공해서 굉장히 멋진 옷을 입고 길거리를 활보하는 것도 좋다. 영어 공부에 성공해서 전 세계를 돌아다니며 일하는 미래를 그리는 건 어떤가?

엉뚱한 이미지라도 상관없다.

습관화 시트 작성의 7단계

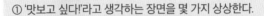

① '맛보고 싶다!'라고 생각하는 장면을 몇 가지 상상한다.

② 맛보고 싶은 감정(감정의 목표)을 적는다.

③ 감정의 목표를 그림이나 사진으로 시각화한다.

④ 감정의 목표를 맛보는 일기를 쓴다.

⑤ 만일 습관화하지 않았다면 맛볼 최악의 상황과 감정을 적는다.

⑥ 목표실현을 위해 할 수 있는 10초 액션을 5가지 적는다.

⑦ 적은 10초 액션을 3가지로 추린다.

30분 이내에 만들자!
임시로 완성해도 OK!

습관화 시트는 이것으로 완성!

"성공적인 미래의 한 장면을 상상하는 것이 어려운데요…."

가끔 그런 말을 들을 때가 있다.

그래서 미래를 상상하는 요령에 대해 설명하겠다.

상상에는 두 가지가 있다.

임장(臨場, 일이 생겼거나 문제가 제기된 곳에 직접 간다) 이미지와 부감(俯瞰, 높은 곳에서 내려다본다) 이미지다.

'임장 이미지'라는 것은 이상적인 상태를 현실적으로 상상하고, 그 장면에 푹 빠질 때 얻을 수 있는 이미지다.

'부감 이미지'란 이상적인 상태에 푹 빠져 있는 자신을 또 다른 자신이 보고 있는 듯한 느낌이다. 조금 위에서 바라보는 듯한 객관적인 입장, 제삼자의 입장에서 보았을 때 얻는 이미지다.

미래의 상황을 맛보기 위해 상상할 때는 임장 이미지가 효과적이다. 그 상황에 실제로 처해 있다고 상상하면서 몸을 움직이거나 자세를 바꾸면 더욱더 현실적으로 상상할 수 있다.

구체적으로는 가장 먼저 자신이 성취하고 싶은 순간을 상상하거나 그때 자신이 취할 움직임, 자세, 표정, 호흡을 직접 해본다. 그러면 그 상황과 장소, 주변에 있는 것, 함께 있는 사람들까지 상상하기가 수월해진다.

그리고 그 머릿속의 영상을 언어화하는 것이다. 상황이나 장소, 주변에 어떤 사람이나 물건이 있는지, 그때 어떤 감정을 느끼고 있는지를 소리 내지 말고 마음속으로 떠올리며 묘사해보자.

이렇게 하는 것만으로도 '끝까지 해내면 이렇게 된다'는 미래를 생생하게 상상할 수 있다.

감정을 적고 시각화하면

두 번째로 맛보고 싶은 감정을 적어본다.

맛보고 싶은 상황을 한 가지 정하고, 맛볼 수 있는 감정의 목표를 적어보자. 우선 맛보고 싶은 목표 상황에서 자신이 자신도 모르게 말할 것 같은 대사를 상상해보자.

예를 들어, "다했다!" "예~이" "건배!" "해냈다!" "이제 안심이야" "왠지 기분 좋아" "고마워!" 등과 같은 대사라도 괜찮다.

나아가 그 상황에서 맛보고 싶은 감정을 생각나는 단어로 적어보자.

예를 들어, '두근두근' '후련' '마음 편함'과 같이 기분을 표현한 말도 좋고, '충만감' '성취감' '친구와의 일체감'과 같이 추상적인 단어도 좋다.

마지막으로 적은 대사나 감정 중에서 자신에게 확 와 닿는 것, 기분이 좋아지는 것을 습관화 시트의 〈맛보고 싶다〉에 적는다.

세 번째, 감정의 목표를 시각화한다.

다음은 습관화 시트 오른쪽 페이지에 있는 큰 란을 채워보자. 여기에 감정의 목표(시각화)를 만든다.

감정의 목표 장면에서 어떤 상황에 있는가? 무엇을 손에 넣을지를 시각화한다.

손으로 그림을 그려도, 사진을 붙여서 콜라주를 만들어도 된다. 여기에는 무엇이든 가슴 설렌 장면을 표현한다.

직접 그리는 것을 가장 추천한다. 실제로 자신의 손을 움직여 나타내면 한층 더 즐겁기 때문이다. 형형색색의 펜을 써서 가슴 설렌 장면을 즐겁게 그려보자. 어떤 장면에 어떤 사람이 있고, 어떤 대사가 들리는지도 적으면 좋다.

시각화라고 해도 그렇게까지 구체적으로 그릴 수는 없다고 생각하는 사람도 있을 것이다. 손을 움직이면서 이미지가 점점 더 선명해지기도 하므로 일단 손을 움직여 그림을 그리자.

네 번째, 감정의 목표를 맛보는 날짜를 적는다.

당신은 몇 개월 후에 그 장면을 맛보고 싶은가?

한 달 후? 3개월 후? 6개월 후? 습관화가 순조로워졌을 때를 상상하라.

여기서는 구체적인 수단을 생각할 필요가 없다. 계산할 필요도 없다.

다이어트를 예로 들어보자. '운동과 식사로 매일 ○킬로칼로리씩 줄여나가면 ○달 후에는 ○킬로그램 빠진다' 같은 계산은 하지 마라.

대충해도 된다.

'기분 좋고 즐겁게 다이어트를 할 수 있으면…' 하고 바라며 3개월 후의 날짜를 적기 바란다.

맛보고 싶어진다

다섯 번째, 만일 습관화되어 있지 않으면 최악의 상황이나 감정을 상정해서 습관화 시트 왼쪽 페이지 오른쪽 아래에 있는 공간에 적어보자.

여기에 감정뿐만 아니라 상황을 적어도 된다.

예를 들어, "이대로 계속 살이 쪄서 이성들도 거들떠보지 않고 고독하게 살아간다", "일찍 일어나지 못해서 회사에서 '구제불능인 사원'이라는 낙인이 찍히고 몇 년 후에 정리해고 당한다"는 식으로 조금 과장해서 생각해본다. 실제로 하지 않으면 어떻게 될지, 습관화하지 못한 미래에 무엇이 기다리고 있는지 적어 내려가자.

여섯 번째, 10초 동안 할 수 있는 액션을 5가지 적는다. 나아가 습관화 시트의 오른쪽 페이지에 그린 감정의 목표를 실현하기 위해 10초 안에 가능한 구체적인 행동 리스트를 작성해보자.

우선 생각난 것 5가지를 적는다. 5가지 이상이어도 상관

없다.

　마지막으로 적은 10초 액션에서 3가지를 고른다. 3가지 10초 액션은 순서와 난이도가 각각 다르다.

　고르는 기준은 10초 만에 완성할 수 있어야 할 것, 어디에 있어도 어떤 상황에서도 할 수 있을 것, 다음 액션의 계기가 될 것이다.

　이제 습관화 시트 왼쪽 페이지의 10초 액션 리스트 칸에 적어라.

단 1페이지
루틴 작성법

습관화 시트를 활용하는 방법이나 유의점을 읽고 대략적인 포인트는 파악했을 것이다. 실제 작성의 예 3가지를 보고 나서 '이런 작성 방법이 있구나'라든지 '이렇게 간단한 그림이어도 괜찮구나(웃음)'라는 식으로 참고해주었으면 좋겠다.

A씨: 매일 30분간 조깅을 계속하고 싶다.

맛보고 싶은 장면: 마라톤 완주! 완주 후에 출전자들과 건배!

감정의 목표: 해냈다! 있는 힘을 다 발휘해서 골인할 수 있었다! 해냈다! 나도 마라톤 완주를 할 수 있었다!

감정의 목표를 시각화: 마라톤 완주의 테이프를 자르고 있다.

B씨: 방 정리를 하고 싶다.

맛보고 싶은 장면: 일터에서 돌아오면 편안하게 쉴 수 있는 방. 좋아하는 드라마를 보면서 아로마 향초를 피워놓고, 천천히 와인을 즐긴다.

감정의 목표: 아! 역시 집이 제일이야. 편안하게 쉴 수 있지.

감정의 목표를 시각화: 좋아하는 드라마, 주인공의 정갈한 방.

C씨: 영어 공부를 한다.

맛보고 싶은 장면: 해외에서 개최한 연수에 강사가 된다. 영어로 유창하게 말하고 질문에도 당당하게 대답하는 나.

감정의 목표: 다른 언어로도 의사소통 할 수 있다! 지금 가지고 있는 모든 것을 끌어낼 수 있었다! 참가자들의 미소가 최고!

감정의 목표를 시각화: 연수 마지막에 모두 같이 하이파이브하는 장면.

감정의 목표 시각화

A씨의 기입 예
매일 30분간 조깅을 계속하고 싶다.

10초 액션 리스트

- 운동화를 신고 집 밖으로 나간다.

- 그 자리에서 제자리 뛰기

- 늘 달릴 때 듣는 음악을 튼다.

[맛보고 싶다]	[맛보고 싶지 않다]
만일 습관화할 수 있으면 어떤 점이 좋은가?	만일 습관화하지 못하면 어떻게 되나?

● 야호, 마라톤 완주!	● 모처럼 나왔는데 도중에 무릎이 아파서 기권
● 완주 후에 출전자들과 건배! 끝까지 달렸다!	● 혼자서 제대로 뛰지 못해서 귀국 때까지 호텔 방에서 잠만 잠.
● 있는 힘을 다 발휘해서 골인할 수 있었다!	● 일부러 하와이까지 왔는데 왜 이렇게 되었을까? 관광도 하고 싶었는데….

20XX년 ○월 △일

감정의 목표 시각화

B씨의 기입 예
방 정리를 하고 싶다.

10초 액션 리스트

● 식탁 위를 정리한다.

● 창문을 열고 공기를 환기시킨다.

● 출퇴근 가방에 들어 있는 필요 없는 물건을 버린다.

[맛보고 싶다] 만일 습관화할 수 있으면 어떤 점이 좋은가?	[맛보고 싶지 않다] 만일 습관화하지 못하면 어떻게 되나?
● 아! 역시 집이 제일이야, 편안하게 쉴 수 있지.	● 친구가 갑자기 놀러 왔는데 너무나 어질러져 있어서 놀란다.
● 정리정돈되어 있어서 기능적!	● 중요한 서류를 찾지 못해 지각. 겨우 찾았지만 구겨져 있었다.
● 말끔히 정리되어 있어서 쾌적	● 좋아하는 옷이 행방불명. 찾았으나 너덜너덜해서 입을 수 없다.

감정의 목표 시각화

C씨의 기입 예
영어 공부를 한다.

10초 액션 리스트

- 영어회화 CD를 틀어놓는다.

- 영어로 10초간 말해본다.

- 인터넷으로 영어 뉴스를 읽는다.

[맛보고 싶다]	[맛보고 싶지 않다]
만일 습관화할 수 있으면 어떤 점이 좋은가?	만일 습관화하지 못하면 어떻게 되나?
- 기업연수 강사로서 영어로 유창하게 말하고 질문에도 당당히 대답할 수 있다.	- 연수에서 자신의 영어가 통하지 않고, 질문에도 영어로 대답하지 못한다.
- 다른 언어로도 전달할 수 있다!	- 식은땀을 흘리며 화이트보드에 표나 그림을 그리면서 열심히 설명하고 있다.
- 참가자들의 미소가 최고!	- '아~ 이럴 줄 알았으면 영어 공부를 더 해둘걸…'이라고 후회한다.

5장

딱 10초만 실행하면
계속할 수 있다

1 MINUTE

DAILY

ROUTINE

매일 아침 30초,
목표 달성한 순간을 상상하라

루틴 노트는 '습관화 시트'와 '작심삼일 시트'로 구성되어 있다. 습관화 시트가 완성되면 다음 3단계를 밟는다.

[1단계] 매일 아침 30초, 습관화 시트로 미래를 미리 맛본다.
[2단계] 10초 액션을 실시한다.
[3단계] 20초 만에 작심삼일 시트에 기입한다.

이것이 전부다. 아주 간단하지 않은가. 습관화 시트에는 당신이 정말로 실현하고 싶은 감정의 목표에 기초를 둔 것이며 10초 만에 간단히 할 수 있는 액션이 적혀 있다.

귀찮게 생각되는 일도 어려운 일도 아닐 것이다.

내 감정에 집중한 감동의 힘까지 더해져 있어서 점점 행동이 가속화하고 습관화된다.

매일 아침 30초, 미래 맛보기

당신이 제4장에서 작성한 습관화 시트를 사용해서 감정을 맛보자.

'그런데 맛본다는 것은 구체적으로 어떻게 하면 되나?'라고 생각할지도 모른다. 방법은 간단하다. 맛보고 싶은 상황에 대한 3가지의 목소리 중에서 마음의 소리를 듣는 것이다.

'머리의 소리'란 평상시 생각이다. '사고' 혹은 '논리'라고도 한다. '~해야 한다'라는 소리, 의무감, 책임감이라고도 한다.

'몸의 소리'란 덥다, 춥다, 졸리다, 배고프다, 목마르다, 허리 아프다 같은 몸의 상태, 컨디션이라고 생각하자.

그리고 '마음의 소리'는 기분, 감정이며, 욕구(~하고 싶다) 같은 기분이다.

특히 마음의 소리를 맛보면 실천하기 쉽다. 그 이유는 사람은 생각하는 것보다 느끼는 쪽으로 행동하는 게 더 쉽기 때문이다. 그러니 우선 마음의 소리를 받아들이자. 습관화 시트를 보라. 그리고 목표를 달성했을 때의 감정을 맛보자.

그리고 다음과 같이 나 자신에게 물어보라.

"목표를 달성했을 때 마음의 소리는 어떤 것을 맛보고 있나?"

마음의 소리를 구체화하는 질문을 하라.

"목표를 달성했을 때 어떤 표정? 어떤 기분? 한마디로 표현하면?"

쇠뿔도 단김에 빼자,
곧바로 10초 액션!

습관화 시트는 어디까지나 감정의 목표를 설정하는 것이며 30초 맛보기를 위한 수단이다. 그러므로 습관화 시트를 작성한 것만으로는 습관화할 수 없다.

노트를 통해 매일 진정으로 손에 넣고 싶은 것에 집중하고 감정을 맛본다. 그것만으로는 부족하다는 뜻이다. 거기에 행동을 더해야 한다.

당신도 의욕이 하늘이 찌를 듯했지만, 결국 아무것도 하지 않았던 경험이 있지 않은가?

아무리 습관화 시트를 잘 쓰고 감정이 차올라도 결국 행동이 따르지 않으면 아무 소용이 없다.

나도 세미나에서 자극을 받아 '좋았어! 오늘부터 인문학 공부를 할 거야'라고 생각했지만 결국 하루도 못 간 적이 있다. 성공한 위인의 전기를 읽거나 다큐멘터리를 보면서 '나도 열심히 해야지'라고 결심했지만, 시간이 지나면서 감동이 잊혀서 아무것도 바뀌지 않았다. 그 원인은 열기가 식어서, 혹은 일상생활로 돌아와서가 아니다. 바로 행동에 옮기지 않았기 때문이다. 감정을 다 맛보았으면 바로 행동에 옮기는 것이 매우 중요하다.

'쇠뿔도 단김에 빼라'라는 속담처럼 감정을 철저하게 맛보고 정말로 하고 싶다는 생각이 들 때 바로 행동에 옮기면 현실도 점차 바뀌기 시작한다.

10초 액션을 실시한다

직장인 K씨는 운동할 시간이 충분치 않으니 아침마다 팔굽혀펴기라도 해야겠다고 생각했다. 처음부터 목표를 팔굽혀펴기 다섯 번으로 해봤자 못할 게 뻔해서 내일은 '일단 엎드리자'라고 결심했다. 그리고 그는 다음 날 아침에 일어나 기지개를 펴고 30초간 미래 앵커링을 했다. 저질 체력에서 이두근 삼두근을 가진 근육맨으로 자신감에 차 있는 모습을 눈앞에 그렸다. 바로 이어서 침대 옆 바닥에 팔을 펴고 엎드렸다. 그 동작을 하기까지 10초면 충분했다.

K씨처럼 매일 아침 30초 맛본 후에 10초 액션을 실행한다. 이 '30초 맛본다'와 '10초 액션'은 한 세트다. 연결해서 바로 실천해야 효과적이다.

루틴 노트는 효과적이지만, 그냥 바라보고 상상하는 데 그치기 쉽다. 그것만으로는 의미가 없다. 제대로 맛보았으면 반드시 10초 액션을 실시하자.

'10초 액션'은 습관화 시트에 적은 3개 중에 하나만 골라서 실시하는 것이다. 10초 액션의 내용은 매일매일 변경하는 것이 아니라, 한 번 선택하면 3일 연속으로 한다.

매일 아침에 할 것을 추천하지만, 만일 잊어버렸다면 하루 중 어느 때라도 생각났을 때 10초 액션을 하자. 3가지 중에서 그날의 컨디션, 기분, 상황에 따라 할 수 있을 것 같은 것, 하고 싶은 것부터 10초 액션을 해보자.

일단 10초간 해보자. 10초 후에 그만두어도 되고, 10초 이상 계속해도 된다고 생각하기 바란다.

10초 액션의 강점은 지금 바로 간단히 할 수 있다는 것이다.

지금까지 무엇을 해도 계속하지 못했던 사람이 갑자기 힘든 일, 난이도가 높으면 잘 습관화되지 않는다.

예를 들어, 다이어트를 위해 달리기를 습관화하려고 힘들고 피곤해질 때까지 달리면 다음에 할 때 장벽이 높아진다. 그러면 보나 마나 실패한다.

달리기 위해 지금 바로 간단히 할 수 있는 10초 액션부터
하라.

- 운동화 끈을 묶고 밖으로 나간다.
- 러닝머신에 올라선다.
- 거실에서 걷는다. 심심하면 TV를 켜놓고 걸어도 좋다.

이런 식으로 차차 달리기로 발전시킬 수 있는 아주 가볍고
간단한 10초 액션부터 습관화하기를 추천한다.

단 10초지만 해냈다는
감정을 느껴라

왜 꼭 10초일까? 거기에는 5가지 이유가 있다.

① 하지 않는 이유, 오래 못 가는 변명을 없앤다.

② 반드시 성공한다.

③ 간단히 다시 시작할 수 있다.

④ 자신감이 생긴다.

⑤ 다음 액션을 하기보다 지금 액션을 이어서 더 하고 싶어진다.

'귀찮다' '힘들다' '어려워서 못한다'와 같은 생각이 든 적은 없는가? 또는 '시간과 돈이 없어서 못한다' '자신이 없어서 못한다' '제대로 준비를 못해서 하지 않는다' '실패하면 어떡하나 불안해서 못한다' 등 하지 않는 이유를 생각한 적은 없는가?

인간은 끊임없이 계속하려는 노력보다 계속하지 않을 변명을 찾는 데 더 잘 움직인다. 이러는 진짜 이유는 '행동의 장벽이 높고 귀찮기 때문'이다. 행동의 장벽이 높으면 어떤 방법을 사용해도 반드시 귀찮다고 여겨서 좌절하게 된다.

그래서 10초 액션이 효과적이다. 10초 정도면 누구든지 할 수 있고 계속할 수 있다. 행동의 장벽이 낮으면 귀찮게 여길 가능성이 없어지기 때문이다.

내가 추천하는 10초 액션은 거창하지 않다. 스스로 결정한 것에 대해 간단하게 실행할 수 있는 예들이다. 반드시 성공하는 것은 어떤 행동을 습관화하는 데 있어서 매우 중요한 요소다. 왜냐하면 실패는 작은 것이라도 좌절을 낳지만 성공은 작더라도 반복해나감으로써 행동과 습관화에 필요한 자신감으로 이어지기 때문이다.

'단 10초지만 해냈다!' '10초지만 계속하고 있다!' 이러한 체험이 착실히 자신감으로 변하면 설레는 마음으로 자연스럽게 계속할 수 있게 된다.

행동이나 습관화에 있어서 계획이 실패하거나 꿈이나 목표에 따른 것이 아니면 마음에 뜻밖의 손상을 입는다. 이것이 반복되면 '나는 구제불능이다' '의지박약이다'라고 자신을 책망하기 시작한다. '이건 조금 아닌데…'라는 생각이 들면 언제든지 궤도를 수정할 수 있다는 점도 10초 액션의 또 다른 장점이다. 만일 30분이나 1시간이면 좀처럼 다시 할 수 없기 때문에 하기 전에 '정말 그 액션이 좋은가?' '제대로 성과가 날까?'라고 매번 신중을 기하고 미루게 된다.

10초 액션으로 자신감 갖기

큰일, 굉장한 일을 달성했을 때, 혹은 참고 참아서 하고자 하는 일을 완수했을 때만 자신감이 생기는 것은 아니다.

자신감은 결과나 행동의 크기와는 상관없이 얻는다. 아무리 작은 일이라도 스스로 결정하고, 행동하고, 해냈다는 경험과 그 횟수가 자신감을 만든다.

10초 액션으로 성공을 반복하면 자신감이 확고해진다. 스스로 결정한 것을 작은 것이라도 실행하고 성공 체험을 맛보는 것을 반복하면 자신감이 차오른다. 점점 '무엇을 해도 잘 안 된다'라고 생각하고 있다가 '잘할 수 있다' '어떻게든 할 수 있다'는 마인드 세트를 가진 나로 다시 태어난다.

다음 액션을 하기보다 지금 액션을 이어서 더 하고 싶어진다는 것도 10초 액션의 힘이다. 10초 해보면 더 하고 싶다. 10초 액션이므로 10초 만에 끝내도 된다. 하지만 대부분의 사람이 10초 액션을 하면 그것만으로 끝내지 않고 계속하려는 경향이 있다. 사람은 일단 움직이기 시작하면 쉽사리 멈추지 못하는 습성이 있기 때문이다.

자전거를 예로 들면 이해하기 쉽다. 페달을 밟기 시작할 때는 힘이 들지만 일단 움직이기 시작하면 멈추기가 쉽지 않다. '행동 관성의 법칙' 때문이다.

앞서 소개한 팔굽혀펴기를 시작한 직장인 K씨 역시 행동 관성의 법칙에 의해 '팔굽혀펴기의 신'이 되었다.

K씨는 팔굽혀펴기를 하기로 한 첫날, 엎드려서 몸을 지탱하고 있는 것조차 힘들어서 하는 시늉만 하다가 일어섰다. 둘째 날은 한 개는 해보자 하고 팔을 굽혔는데, 제자리로 돌아오기까지 진땀이 났다. 셋째 날에는 아침에 일어나서 바로 팔을 펴고 엎드리니까 이런저런 생각이 나지 않고 그냥 저절로 팔꿈치를 굽히게 되었고, 조금 더 힘을 내자 제대로 하나를 할 수 있었다. 그러자 그는 해낸 자신의 모습이 신기해서 몇 번이고 더 같은 동작을 반복했다.

그다음 날부터는 일어나면 바로 팔을 펴고 엎드리고, 별생각 없이 팔굽혀펴기를 했다. 매일매일 한두 번씩 횟수도 늘어서 지금은 팔굽혀펴기를 아주 자신 있게 할 수 있고, 보기 좋은 이두근 삼두근도 생겼다.

하루에 3가지,
매일 액션하기

루틴 노트의 작심삼일 시트에 적을 것은 3가지뿐이다.

① 날짜

② 10초 액션의 성취감(해냈을 때는 ○, 어중간할 때는 △, 못했
  을 때는 X)

③ 코멘트 한마디

이 3가지 정도면 20초 안에 다 적을 수 있다. 나아가 10초
액션의 내용은 매일 바뀌는 것이 아니라, 한번 정하면 3일간
은 같은 10초 액션을 실시하는 것이다.

예를 들어, 매일 30분 조깅을 하고 싶으면 맨 처음 작심삼일 시트에서 실시하는 10초 액션으로 '운동화를 신고 밖에 나간다'라고 설정한다. 그다음 3일간 3개의 항목에 메모를 적어 나가기만 하면 된다.

이것으로 작심삼일 시트의 1페이지가 완성된다. 다음 작심삼일 시트를 사용할 때 10초 액션을 어떻게 할지 생각해본다.

지금 그대로 '운동화를 신고 밖에 나간다'고 해도 좋지만 간단히 계속할 수 있었기 때문에 다음 작심삼일 시트에서는 10초 액션의 강도를 조금 높인다. '운동화를 신고 달린다'이다. 그다음 3일간 3가지의 항목에 대해 메모만 추가하면 된다.

이처럼 매일 단 20초지만 작심삼일 시트에 메모를 적음으로써 착실하게 계속할 수 있다.

작심삼일 시트

날짜	마크	코멘트
1/15	X	운동화를 잊고 안 신었다.
1/16	O	운동화를 신고 쓰레기를 버리러 갔다.
1/17	O	5분간 산책할 수 있었다.

10초 액션
운동화를 신고 달린다.

날짜	마크	코멘트
1/18	○	달렸더니 아이디어가 떠올랐다.
1/19	○	비가 와서 집 안에서 제자리 뛰기를 했다.
1/20	○	5분 달렸다!

작심삼일을 이용해서
루틴 완성

작심삼일 시트는 3일에 1페이지를 사용하므로 가벼운 마음으로 작심삼일 시트를 계속해서 채워넣을 수 있고, 그래서 행동을 자연스럽게 계속할 수 있는 시스템이다.

　나아가 필요에 따라 3일마다 10초 액션 내용을 바꿔 나갈 수 있다. 계속하는 것이 '괴롭다' '힘들다'라고 느낄 때는 굉장히 간단한 10초 액션을 한다. 반대로 매너리즘에 빠지거나 싫증이 날 때는 난이도가 약간 높은 10초 액션을 설정하자.

　이처럼 상황에 따라, 3일마다 유연하게 10초 액션을 만듦으로써 무리 없이 계속할 수 있을 뿐만 아니라 조금씩 행동의 질을 높여갈 수 있다. 결과적으로 매너리즘을 막으면서 최단기간에 성과를 낼 수 있다.

이것으로 끝까지 해내는 루틴을 만들기 위한 미래 앵커링의 완성이다. 1일 1분 루틴 노트를 사용하면 쉽고 효과적으로 할 수 있다는 것을 확인했을 것이다.

그럼 이제 어떻게 해야 할까?

그렇다. 곧바로 액션!

6장

10초 실행을
조금만 늘여보자

1 MINUTE

DAILY

ROUTINE

루틴에 가속도를 붙여라

이제부터 루틴 노트를 적고 액션을 취하는 습관을 가속화하는 방법을 알아보자.

이 방법은 내가 지금 하고 있는 루틴이 지겨워졌을 때 시작한다. '지루하고 재미없으니까 이제 그만할래?'라고 생각하는 것이 아니라 그다음 단계로 가는 발전된 루틴으로 발전해야 계속할 수 있다.

'지금 습관이 좀 쉬워졌는데 다른 걸 해볼까?' '계속하는데 성공했지만 그다음 단계로 성장하고 싶다'라고 생각한다면 앞으로 소개하는 루틴을 가속화하는 3가지 방법을 실천해보기 바란다.

① 10초 액션을 업그레이드한다.

② 10초 액션을 5분 액션으로 한다.

③ 액션을 5레벨로 나눈다.

루틴은 조금 분발하지 않으면 할 수 없는 수준이 적당하다. 이 3가지 방법은 루틴을 적당한 수준으로 유지하게 해서 끝까지 해낼 수 있도록 동기부여를 한다. 하나씩 살펴보자.

지루하거나 어려운
10초 액션은 그만!

제일 먼저 '10초 액션의 커스터마이즈Customize'다.

미래 앵커링의 10초 액션은 간단히 실천할 수 있기 때문에 앞에서 언급한 대로 다양한 장점이 있다. 다만 원활하게 습관화하기 시작하면 맨 처음에 정한 3가지의 10초 액션으로는 부족하다는 생각이 들 것이다. 이는 지금까지 잘해온 당신이 명백히 성장하고 있다는 증거다.

아이러니하게도 실천하기가 지나치게 어려우면 행동하기 싫지만, 또 너무 간단해도 지루하고 재미없으며 성취감이 떨어진다.

지금까지 한 10초 액션이 너무 간단하거나 매일 똑같아서 싫증이 날 때는 좀 더 도전적인 것을 생각해보자. 반대로 10초 액션을 실천하기가 생각보다 어렵다면 그보다 간단히 할 수 있게 재설정하자.

초고도비만 여성 J씨는 매일 아침 운동을 하겠다고 다짐하고 러닝머신을 샀다. 하지만 러닝머신 위에 서기가 두려워서 며칠째 방치해두었다. 일주일쯤 지나 10초 액션으로 걷기까지는 했다. 그다음 날도 걷기, 그다음 날도…. 걷기만 2주간 했더니 좀 지루해져서 뛰어보고 싶었다. 20초간 뛰었다. 할 수 있겠다 싶었다. 이제부터는 뛰어야지, 하고는 그다음 날 30초, 또 그다음 날은 1분, 3일째는 1분 30초…. 이렇게 했더니 매일매일 숨이 차서 헉헉대면서도 뛸 수 있는 시간이 늘어난다는 성취감에 계속하게 되었다. 이제는 눈뜨면 바로 러닝머신에 올라가고 놀랍게도 3분간 뛸 수 있다. 사실 2주 동안 3분간만 뛰었는데, 좀 더 오래 뛰어보고 싶었다. 내일부터는 4분 도전!

걷는 데 일주일이나 걸렸다고? 하며 보통 사람들은 의아할지 모르지만 초고도 비만인에게는 러닝머신에 서 있기조차 굉장히 큰 결심을 요하는 일이었을 것이다. 그럼에도 불구하고 10초 액션이라는 간단한 실천법으로 시작한 덕분에 자신의 성장 속도에 맞춰 천천히 도전해나갈 수 있었다. 결론적으로 10초 액션을 4분으로 늘리기에 이르렀다.

가정주부 P씨는 늘 조금만 먹어야지 다짐을 하지만 음식이 앞에 있으면 파블로프의 개처럼 침이 고인다고 했다. 그녀는 매번 마구 먹다가 어느새 정량을 초과하고 후회한다. 그래서 10초 액션으로 배고프면 물을 마시기로 했다. 웬걸…. 이틀 만에 다시 원래대로 먹는다.

P씨는 간단히 실천할 수 있을 줄 알았는데 뭐가 잘못됐을까 곰곰이 생각했다. 10초 액션을 잘못 설정한 것 같았다. 다시! '밥을 한 입 정도 덜어내고 먹자'로 10초 액션을 바꿨다. 이를 두 달간 실천했다. 석 달째 접어들면서 조금 더 하기로 했고, 밥 두 숟가락을 덜어내고 먹었다. 현재 P씨는 매끼 밥을 반 공기만 먹는다. 그녀는 한동안 반 공기 이하로 줄일 수 없을 것 같지만, 이게 어딘가 싶었다. 당장은 아니어도 이렇게 먹는 양을 줄여나가면 건강해지고 살도 빠질 거라고 믿는다.

10초 액션을 어렵게 시작해서 재설정한 사례다. 처음에 하기로 한 10초 액션이 생각보다 어려웠던 P씨 자신을 정확히 알고 현명하게 실천 방법을 바꿨다. 포기하지 않고 10초 액션을 적절하게 업그레이드해서 습관화를 계속하는 사람이 되었다.

당신도 하고 있던 10초 액션을 업그레이드해보자.

너무 쉽거나 지루해서 싫증 난
10초 액션은 무엇인가?

다시! 맛보고 싶은 장면	
다시! 감정의 목표	
다시! 감정의 목표를 시각화	

10초 액션 리스트

-

-

-

[다시! 맛보고 싶다] | [다시! 맛보고 싶지 않다]

-

-

-

-

-

-

지나치게 어려워서 실천할 수 없었던 10초 액션은 무엇인가?

다시! 맛보고 싶은 장면	
다시! 감정의 목표	
다시! 감정의 목표를 시각화	

-

-

-

[다시! 맛보고 싶다]

-

-

-

[다시! 맛보고 싶지 않다]

-

-

-

10초 액션을
5분 액션으로

다음으로 추천하는 가속화 방법은 10초 액션을 5분 액션으로 하는 것이다.

지금 하고 있는 10초 액션을 그대로 5분 연장해도 좋고, 새로운 5분 액션을 설정해도 좋다. 어느 쪽이든 상관없지만 10초 액션이 간단하게 느껴지면, 계속하고 싶은 것을 5분 단위로 늘려나가자.

예를 들면 10초 액션으로 달리기를 시작했던 사람은 원래는 10초가 넘으면 언제든 그만두어도 된다. 그럴 때 10초로 끝내는 게 아닌 '5분간 달린다'로 연장하자.

영어 공부도 마찬가지다. 매일 10초 액션만 했던 것을 이제는 '5분 집중해서 공부한다'로 바꾸자.

이때 주의가 필요하다.

10초 액션을 계속할 수 있을 때를 기다렸다가 5분으로 연장해야 한다. 대부분 루틴 노트 작성이나 30초 맛보기, 10초 액션을 하지 않았는데 갑자기 5분 액션을 시작하면 오래가지 못한다. 반드시 미래 앵커링을 실시하고 그것이 계속되면 연장하기 바란다.

기준은 1주일이다.

루틴 노트로 매일 아침 50초 맛본 후 10초 액션 실행하기를 1주일간 계속하기 바란다. 1주일 동안 잘 실천할 수 있었으면 이번에는 행동을 5분 액션으로 바꾸는 것이다.

다음은 10초 액션을 5분 액션으로 업그레이드해서 루틴을 만드는 이 방법을 잘 활용해서 원하는 것을 얻은 사례들이다. 공부 습관과 다이어트로 고민하고 있다면, 참고하자.

고등학생인 L군은 아침 공부 습관을 만들기로 했다. 처음부터 갑자기 2시간 일찍, 새벽에 일어나서 공부하지는 않았다. 이전 기상 시간인 8시에도 잘 일어나지 못해서 고양이세수를 하고 학교에 가기 일쑤였기 때문이다.

L군은 루틴 노트를 썼고, 잠자리에서 일어나 미래 앵커링과 10초 액션을 했다. 30초간 성적이 올라 자신감에 찬 자신

의 모습을 상상했다. 곧바로 책상 위에 앉았다. '10초간만 앉아 있지, 뭐.' L군은 일주일간 여기까지의 아침 습관을 잘해냈다. 일주일쯤 지나자 책상 위에 앉아 있던 L군은 뭐라도 하고 싶었다. '국어 문제 하나만 풀까?' 그러기에 10초는 너무 짧아서 5분 액션을 하기로 했다. 그렇게 일주일이 지났다. '내일은 10분 일찍 일어나서 책상에 앉아볼까? 그러면 두 문제를 풀 수 있잖아'라는 생각이 들었다.

Y씨는 6개월 후 결혼을 앞두고 있는데 몸무게는 인생 최대치를 찍었다는 생각에 도망가고 싶었다. 다른 운동은 도저히 자신 없고 그냥 걷기만이라도 해봐야겠다고 결심했다. 미래 앵커링으로 원하는 드레스를 입고 결혼식에 입장하는 모습을 그렸고, 10초 액션으로 퇴근길에 '목적지보다 한 정거장 전에 내릴 것'을 정했다. 그랬더니 평소보다 집에 도착하는 시간이 5분 더 걸렸다. 일주일간 실천하고 그다음부터 두 정거장 전에 내려서 걸었다. 일주일 후에 세 정거장… 이런 식으로 걷는 시간을 늘려나갔다.

이렇게 실천하다가 지금은 아침에도 걸어서 출근하기에 이르렀다. 좋아하는 음악을 듣거나, 오디오북을 들으면서 걸으면 지루하지 않고 오히려 재밌었다. 덕분에 2개월 만에 8킬로그램이 빠졌고, 미래 앵커링이 실현될 수 있겠다는 용기가 생겼다.

결국 원하는 드레스를 입고 결혼식을 올렸다.

액션을 5레벨로
나눠보기

다음은 액션 플랜에 5레벨(난이도)을 설정하는 것이다.

앞에서 10초 액션을 5분으로 바꾸라고 했다.

그런데 만일 당신이 습관 들이고 싶은 행동이 기간에 좌우 되지 않는 것이라면?

가령, 매일 아침 ○시에 일어나기나 한 달에 책 한 권씩 읽 기는 얼마 동안 해야 한다는 기준이 없다. 그럴 때 액션의 난 이도를 정하는 이 가속법이 효과를 발휘한다.

영어 공부를 5레벨로 나누려고 할 때, 다음과 같이 하는 식 이다.

영어 공부

1레벨 : 영어 단어 3개 외우기

2레벨 : 구문을 3개 외우기

3레벨 : 리스닝 CD를 5분 듣기

4레벨 : 토익 600점 목표 참고서를 한 장 읽기

5레벨 : 토익 기출문제 1문항 풀기

습관을 가속화하고 좌절하지 않기 위해서라도 액션 플랜을 난이도에 따라 5레벨로 나누어 그날의 기분이나 컨디션에 따라 선택하면 된다.

직접 해보자.

5레벨로 나눌 액션은 무엇인가?

액션 5레벨

1레벨	
2레벨	
3레벨	
4레벨	
5레벨	

7장

이제 당신은 무슨 일이든 끝까지 해낼 수 있다

1 MINUTE

DAILY

ROUTINE

끝까지 계속하기 위한
요령 7가지

루틴 노트를 적은 후에 막상 행동을 습관화하려고 해도 좀처럼 원활하지 않다, 더 레벨을 향상시키고 싶다, 이제 지겨워져서 하기 싫다… 흔히 이런 상태에 맞닥뜨린다.

왜냐하면 행동을 습관화하고, 나아가 꿈이나 목표의 실현으로 가기까지는 몇 가지 장애물을 넘어야 하기 때문이다. 다음과 같은 것들이다.

① 왠지 모르게 꿈이나 목표가 와 닿지 않아서 시작하지 못한다.
② 결국 작심삼일로 끝나고 만다.
③ 급한 일정이나 일에 휘둘려서 계속할 수 없다.

④ 도중에 싫증이 나서 매너리즘에 빠진다.

⑤ 어느 정도는 계속했지만 성과가 나기 전에 멈춘다.

⑥ 나쁜 습관을 버리고 싶다.

⑦ 꿈이나 목표를 빨리 실현하고 싶다.

이럴 때 포기하지 않고 끝까지 계속하기 위한 7가지 요령을 일러주겠다. 내가 주최하는 행동개혁 아카데미에서 실제로 도입해서 특히 효과가 높았던 방법을 엄선했다.

그럼에도 불구하고 당신에게 맞는 것과 맞지 않는 방법이 있을 것이다. 그러므로 자신에게 맞고 실천해보고 싶은 방법만 골라서 적절한 타이밍에 해보기 바란다.

꿈이나 목표가 와 닿지 않아서
시작하지 못할 때

루틴 노트를 다 작성하고 나서 설레는 마음으로 곧바로 행동
하면 가장 좋다. 하지만 노트에 쓴 것과는 별개로 '애초부터
이것이 정말 계속하고 싶은 것인지 고민이다' '정말로 자신이
맛보고 싶은 것인지 알 수 없다' '정말 이 방식으로 충분한가'
'이것을 계속하면 정말 바뀔까?' 등 석연치 않은 마음이 들
수 있다.

'일단 이 감정의 목표를 향해 조금만 움직여보자'고 나
자신을 다독이며 가벼운 마음으로 시작하자. 나는 이것을
'가결정, 가행동'이라고 부른다.

루틴 노트는 어디까지나 임시 목표다. 그것이 자신에게 진

정한 목표인지는 실제로 움직여보지 않으면 알 수 없다.

일단 행동으로 옮겨보고 자신이 적은 루틴 노트 내용이 석연치 않으면 새로 작성하면 된다. 부담 갖지 말고 작은 보폭으로 움직여보자.

밑져야 본전이지 않은가.

나 자신도 밑져야 본전이라는 마음가짐으로 매일 도전 중이다. 올 10월부터 일간 이메일 뉴스레터를 다시 시작했지만 많이 쓰지 못했다. '언제까지 계속 할 수 있을지 모르지만 밑져야 본전이지'라는 마음으로 뛰어들었다.

넘어져서 살이 까질 수도 있다. 남들이 보기에 볼품없어 보일 수도 있다. 그래도 밑져야 본전이다. '에잇!' 하고 시작해보면 새로운 미래가 기다리고 있을지도 모른다.

좋은 불안이라서 괜찮다

'에잇!' 하고 용기를 내어 한 걸음을 내민 후에는 어떤 일이 벌어질까?

새로운 도전을 시작하면 복잡한 감정이 교차한다. 이 감정이 희망이면 좋겠지만 그렇지 않다. 불안이다.

'이것이 잘 될까?' '방법을 잘못 선택한 걸지도…' '계속하는 건 힘들어' '다시 반대나 비판을 당할지도…' 이런 생각이 든다. 모처럼 첫걸음을 내디뎠지만 결국 늘 같은 곳으로 돌아오고 만다. 불안감에 휩싸였기 때문이다.

하지만 한 걸음을 내디딘 후의 불안은 '좋은 불안'이다. 그것은 도전한 후에 생기는 자연스러운 감정이다. 아마도 지금까지와 다른 영역을 접하는 바람에 방어본능으로 불안해졌을 것이다. 이럴 때는 불안에 대한 반응을 조금 바꾸는 것만으로도 계속할 수 있다.

'불안하니까 그만두는 것이 아니라, 불안하니까 조금 더 해본다'고 생각하라. 불안을 대하는 방식을 조금만 바꿔도 이전과 달리 계속할 수 있는 내가 될 수 있다.

행동해서 일어나는 불안은 진정으로 변하기 시작했다는 증거이기도 하다. 어차피 맞닥뜨릴 감정이라면 아무것도 하지 않고 그런 것보다, 행동에 옮기고 나서 불안해하자.

그런데 불안의 정체는 무엇일까?

불안의 종류를 분류하면 두 가지뿐이다.

과거에 대한 불안과 미래에 대한 불안이다.

과거에 대해 불안해하는 사람들은 일이 잘 안 풀렸던 실패 경험에 발목 잡혀 있어서다. 미래에 대해 불안해하는 사람들이 일을 수월하게 해결하지 못하는 이유는 앞으로 무슨 일이 닥칠까 가슴 졸여서 아무것도 하지 못하거나, 오히려 폭주해버리기 때문이다.

과거에 대한 불안은 기억력이 좋거나 성실한 사람이 주로

갖기 쉽다. 또 실패할지도 모른다는 공포와 '왜 그런 일을 겪었을까?' 하는 후회를 안고 있거나 하려는 마음은 있어도 몸이 따라 주지 않는다면 과거에 대한 불안이 원인이다.

미래에 대한 불안은 선견지명이 있는 사람, 생각을 많이 하는 사람 들이 갖기 쉽다. '이렇게 되면 어떻게 하지'라는 미래에 대한 불안, '지금 이대로는 안 되지 않을까?' 하는 초조함, '실패하면 어쩌지?'라는 두려움에 사로잡혀 있다면 미래에 대한 불안 때문이다.

무슨 일인가를 시작한 후에 불안을 느낄 때는 어떻게 해야 할까.

과거도 미래도 일단 차단한다. 그리고 지금 현재만 바라본다. 이 순간을 살아가는 데에만 집중하는 것이다. 눈앞에 닥치는 순간순간의 선택에 충실하고, 10초 액션을 반복해서 행동해나가면 불안해할 여유가 없어진다. 그 결과, 원하는 일을 포기하지 않고 계속할 수 있다.

무조건 처음에는 10초

시작하는 일은 설레지만 행동에 옮기지 못하는 사람도 있다. 대부분 행동하기를 너무 거창하게 생각해서 그렇다.

예를 들어, 지금까지 달려본 적 없는 사람이 갑자기 매일 5킬로미터씩 달리겠다고 마음먹으면 좀처럼 시작할 엄두가

나지 않는다. 만약에 당신이 그렇다면 10초 액션이 잘 되지 않았다는 증거다.

마라톤 경기에 참가해 완주하고 싶으면 갑자기 5킬로미터를 달릴 것이 아니라 운동화를 신고 동네 편의점까지 걷는 것으로 첫날을 시작해도 충분하다.

처음 시작할 때는 10초 안에 할 수 있는 액션을 취하자. 반드시 성공할 수밖에 없는 작은 행동을 의식하면서 매일 반복해나가면 된다.

내가 주최한 세미나 참가자 중에서 자기 자신을 전혀 인정할 수 없다고 고민하는 분이 있었다. 그에게 매일 밤 자기 전에 오늘 잘한 일을 한 가지씩 적어보라고 권했다. 10초면 충분할 거라는 말도 덧붙였다. 나의 권유를 받아들여 실천한 그는 차차 자연스럽게 자신을 인정할 수 있게 되었다고 했다.

루틴 노트를 봐도 설레지 않을 수 있다. 설렐 때까지 기다리지 말자. 일단 10초 동안 움직여보면 의욕이 생길 것이다. '10초 정도면 충분히 할 수 있을 것 같다' '10초라면 마음 편히 시도해볼 수 있다'라고 생각하면 더더욱 실행할 의지가 커진다.

마음이 설레든 그렇지 않든, 일단 10초만 움직이면 계속할 수 있다. 꼭 10초 액션을 실천하자.

루틴 노트를 자주 보라, 한껏 미소 지으면서

루틴 노트의 취지 자체는 충분히 이해하지만, 지금까지 별로 설레는 감정을 가진 적이 없어서 효과가 있을지 잘 모르겠다는 분이 있었다.

나는 그렇다면 지금보다 더 자주 루틴 노트를 보라고 권했다. 아침에만 보는 것이 아니라, 시간을 내서 들여다보라고. 이때 한껏 미소를 지으면서 보라고 했다.

태도나 표정은 감정과 연동한다. 사람은 웃으면 반드시 가슴이 두근거린다. '누가 볼지도 모르는데 실실대며 종이를 쳐다보는 것은 좀…'이라고 생각한다면 화장실이나 개인 서재 같은 혼자만의 공간에서 보라고 추천한다.

지금보다 더 자주 루틴 노트를 보고, 볼 때마다 한껏 미소를 짓는 것이 포인트다. 꼭 해보길.

결과가 아니라 행동에 집중한다

'습관화할 수 있으면 굉장히 좋겠지만, 정말 그렇게 될까…'라고 행동하면서도 이런 의문을 품게 되거나 불안한 단계에 이르면 감정의 목표를 중요하게 여기면서 행동에 집중하자.

'이렇게 하면 목표에 도달할 수 있어'라고 자신감이 생길 때까지 행동하는 것이다.

한 개인 사업자가 나에게 상담을 청한 적이 있다.

"블로그를 운영하고 있는데 이벤트 참가자가 생각만큼 모이질 않아서…."

"블로그에 얼마나 자주 새로운 글을 올리고 계십니까?"

"글쎄요, 한 달에 4~5번 정도요."

"이벤트 공지는 몇 번 하셨나요?"

"음… 한 번이요. 너무 집요하게 공지를 올리는 것도 좀 그런 것 같아서…."

가만히 듣자 하니 그 개인 사업자는 사실 별로 행동하지 않았다. 나는 "블로그를 더 자주 갱신하고 공지도 3번 해보면 어떨까요?"라고 대답했다. 다음과 같은 원리에 의해서다.

- 블로그 갱신이나 공지 = 스스로 할 수 있는 정도 = 행동
- 참가자 수 = 스스로 할 수 없다

  (참가할지 말지를 결정하는 것은 결국 각자) = 결과

할 수 있는 최대치를 해보는 게 중요하다. 솔직히 참가자의 수가 얼마나 될지는 알 수 없다. 하지만 참가자 수를 정원에 육박할 결과로 끌어올리는 일은 행동에 달렸다.

결국 작심삼일로
끝나고 말 때

어떤 습관을 계속하기로 정하고 며칠 동안 자신이 정한 대로 움직였다. 하지만 반작용이 일어나 건너뛰고 말았다. 이번에는 어떻게든 다시 계속하자고 생각했다. 하지만 작심삼일이 반복되다 보면 자기혐오에 빠질 것 같아 두렵다고 상담을 요청하는 사람이 있었다. 작심삼일에 머물지 않을 효과적인 대책은 없을까?

작심삼일을 계속 반복하면 된다.

우리는 뭔가를 계속하겠다고 정하면 왠지 모르게 갑자기 완벽하게 하고 싶어진다. 그렇지만 결국 완벽하게 할 수 없다는 사실을 알고 자신감을 잃거나 자괴감에 빠지곤 한다. 정말 안타까운 일이 아닐 수 없다.

실제로 매일 계속하는 것이 의외로 힘들 때도 있다. 나 자신도 현재 〈행동 개혁 365 다음 단계를 목표로 한다! 행동 힌트〉라는 이메일 뉴스레터를 매일 내보내고 있는데, 매일 발송할 수 있을 때까지 몇 번이나 작심삼일의 고배를 맛보았다.

그러나 작심삼일로 끝났을 때 수용 방식을 바꿔서 그 이후로 계속할 수 있게 되었다. 지금까지의 습관을 바꿔서 3일 동안만 계속할 수 있어도 전진했다고 평가하기로 마음을 고쳐먹은 것이다.

진심으로 계속하고 싶은 일은 작심삼일이라도 좋으니 몇 번이고 도전하자.

설령 작심삼일이 되었다고 해도 평상시의 타성으로 행동하는 것보다는 한 번이라도 흐름을 바꿀 수 있었으니 만족하자. 그리고 작심삼일이 되면 다시 다음 날부터 다시 작심삼일이 될지언정 계속해본다. 작심삼일도 계속 반복하면 상당히 효과가 있다.

작심삼일을 반복하면 적어도 일주일 중에 절반 이상은 습관을 실천할 수 있다. 2주 중에 열흘을 실천하면? 서서히 행동을 계속할 수 있는 상황으로 역전되기 시작한다.

완벽을 목표로 해서 좌절감을 맛보기보다 작심삼일이라도 좋으니 계속해나가자. 작심삼일을 타파하는 포인트는 반드시 매일, 제대로 하려고 마음먹지 않아도 된다는 것이다. 다만 도전을 게을리하지는 말자.

도전의 눈높이를 낮게 잡는다

감정의 목표에 기초를 두고 '오늘은 5킬로미터 달리자'라고 마음먹고 달리기 시작했으나 결국 2킬로미터밖에 달리지 못했다고 치자. 그때 '오늘은 행동을 완수하지 못했다…'라고 생각했는가? 만일 그렇게 생각한다면 당신이 가지고 있는 5킬로미터라는 도전의 눈높이가 너무 높아서 그렇다.

5킬로미터 달리면 성공, '5킬로미터 못 달리면 실패. 도전의 눈높이에는 이 두 가지만 게 아니다. 얼마든지 세부적으로 다양하게 잡을 수 있다.

예를 들어, 운동화를 신었다, 밖에 나갔다, 걷지 않고 달렸다, 100미터 달렸다, 2킬로미터 달렸다… 등 다양하고 세부적으로 설정할 수 있다는 말이다.

그러면 지금까지 아무 행동도 하지 않았고 습관을 만들지 못했을지라도 '밖에 나간 것만으로도 충분히 훌륭해!'라고 자신의 도전에 만족해할 수 있다.

일부러 제대로 하지 않는다

'끝까지 해야지' '제대로 해야지'라는 굳은 마음으로 하다 보면 왠지 힘이 들어가거나, 오래 지속하지 못한다. 그런 사람은 뭐든 분발하는 성향이므로 주의해야 한다. 행동하기 전부터 너무 힘이 들어가면 원활하게 시작할 수 없기 때문이다. 설령 시작하고 나서도 바로 숨이 막힌다. 그런 상태로 계속하려고 하면 '하고 싶다Want to'는 마음으로 시작했는데 '해야 한다Have to'로 바뀌고 만다.

당신은 뭐든 분발하려는 사람인가. 만약에 그렇다면 끝까지 하지 않아도 된다, 제대로 하지 않아도 괜찮다고 유연하게 여겨라. 해야 한다는 강박관념 때문에 지속하지 못하는 것보다 눈높이를 낮추고 행동하기 쉽게 나 자신을 배려해서 끝까지 해내게 만드는 것이 더 현명하다.

오늘은 '문제집 5페이지를 푼다'라고 의욕 넘치게 시작했어도 4페이지에서 멈춰보자. 일부러 끝까지 하지 않는 날을 만든다고 해서 크게 문제될 것 없다. 다음 날 5페이지를 풀면 된다.

'매일 책상 정리를 끝내고 퇴근한다'고 정했어도 오늘은 서류만 제자리에 두는 걸로 만족하고 일과를 마무리한다. 그런 식으로 일부러 대충해도 상관없다. 다음 날 이어서 정리하면 된다.

자신을 너무 닦달하지 않아야 루틴에 지치지 않고 원활하게 끝까지 해낼 수 있다.

이미 하고 있는 행동에 새로운 루틴을 추가한다

계획한 행동을 매일 거르지 않고 실천하기란 여간 어려운 일이 아니다. 잊지 않고 실행에 옮겨야 하기 때문에 정착시키기가 쉽지 않다.

예를 들어 영어 숙어를 매일 3개씩 외우고 싶어서 '앞으로는 집에 가면 반드시 책상에 앉아 외워야지'라고 결심하면 좀처럼 잘 되지 않는다. 왜냐하면 '시간을 정한다' '책상에 앉아 영단어를 외운다'는 두 가지의 행동을 동시에 습관화해야 하기 때문이다.

그런데 목욕은 매일 하니 '욕조에 들어가 있을 때 영단어를 외우자'라고 하면 어떨까? 아니면 더 간단히 '샤워할 때 영단어 하나씩. 발음과 스펠링까지'라고 정하면? 목욕은 이미 습관화되어 있어서 어차피 할 일이다. 거기에 새로운 루틴을 추가하는 것이다. 그렇게 하면 습관화 형성이 손쉽다.

내가 주최하는 세미나 참가자 중에 '출퇴근길 지하철에서는 독서만 한다'고 정했더니 습관이 되었다는 사람이 있었다. 전철을 타는, 이미 하고 있는 행동에 독서라는 새로운 루틴을 붙여서 습관을 만든 매우 추천할 만한 사례다.

또 하나의 사례를 들어보자. 다이어트를 위해 매일 1시간씩 헬스장에서 운동을 하고 싶다고 치자. 이때 집에 오는 길에 있는 헬스장에 다니는 것과 귀갓길에서 먼 곳에 있는 헬스장에 다니는 것 중에 어느 쪽이 계속하기 쉽다고 생각하는가?

정답은 명백하지 않은가? 먼 곳에 있는 헬스장은 오가는 것만으로도 시간이 많이 걸린다. 생활 동선 안에 헬스장이 있는가 없는가가 중요한 이유는 매일 반드시 하는 행동에 새로 하고 싶은 루틴을 넣는 느낌으로 적용해야 하기 때문이다.

이미 하고 있는 행동에 새로운 루틴을 추가해서 실천하면 처음에는 어색하지만 1~2주 계속하다 보면 무의식적으로 처음부터 그렇게 했던 것처럼 자연스럽다. 스쿼트를 하거나 전철에서 책을 읽거나, 귀가 후 일기를 쓰는 식으로 말이다.

새로운 루틴을 당신의 일상에 끌어들여 가능하면 원활하게 시작하자.

시각적 효과를 활용한다

작심삼일의 원인 중 하나는 행동 자체는 비교적 간단하지만 쉽게 잊어버리는 데 있다. 그럴 때는 시각적인 효과를 활용하자.

자신의 행동 동선을 확인하고 시야에 들어오는 곳에 계속하고 싶은 것과 연관된 것을 붙여 놓거나 장식하는 것이다. 즉, 강제적으로 눈에 들어오게 한다.

예를 들면, 공부하고 싶을 때 바로 꺼낼 수 있도록 참고서를 책상 위에 둔다. 악기 연습을 하고 싶으면 악기를 치우지 말고 거실에 장식용으로 비치한다.

루틴 노트 쓰는 것을 잊지 않고 싶으면 늘 휴대폰이나 컴퓨터 옆에 두는 것도 좋은 방법이다.

인간의 뇌가 시야에서 얻는 정보의 비율이 83퍼센트라는 데이터가 있을 정도로 시각은 행동에 큰 영향력을 미친다. 즉 해야 할 일에 대해 연관된 것들을 시야에 들어오도록 해서 잊어버리지 않게 하는 것만으로도 작심삼일을 예방할 가능성이 높다.

급한 일정이나 일에 휘둘려서 계속하지 못할 때

계속하고 싶지만 야근이나 집안의 대소사 등 급한 일정이 생기면 아무래도 시간을 확보할 수 없다거나 해야지, 해야지, 생각하지만 자꾸 다른 일정이 생기는가? 회사나 남에게 폐가 될 만한 일은 바로 처리할 수 있지만, 나 자신을 위해 계속하려고 정한 일은 왠지 잘 안 지켜지는가? 자신과 약속하고 최우선적으로 지키는 방법을 추천한다.

당신에게 중요한 사람은 누구인가라고 물으면 어떤 사람의 얼굴이 떠오르는가? 은사, 절친, 업무 파트너, 고객, 반려자, 애인, 부모, 자녀….

만일 그런 중요한 사람과의 약속이라면 기한을 넘기거나 포기할까?

중요한 사람과 약속하면 제일 먼저 수첩에 적어 놓고 무리를 해서라도 약속을 지킬 것이다. 혹시 약속을 지킬 수 없으면 바로 대안을 생각해서 실행에 옮길 것이다.

자신의 꿈이나 목표를 실현하기 위해 '하고 싶다! 한다! 계속한다!'라고 정한 것은 자신과의 약속이다.

바쁘다, 시간 여유가 없다며 계속할 수 없는 이유는 '타인과의 약속 〉 자신과의 약속'이라는 도식이 있기 때문이다. 즉, 타인과의 약속이 자신과의 약속보다 우선순위가 높다는 말이다.

물론 그것이 잘못됐다는 뜻은 아니다.

일주일에 며칠은 달리기를 해서 땀을 흘리고 싶다, 매일 30분은 카페에서 내가 좋아하는 책을 천천히 읽고 싶다, 실은 술을 줄여서 체형을 날씬하게 하고 싶다는 바람이 있다면 우선순위가 달라져야 한다는 말이다.

나와의 약속을 수첩에 정리해보자. 타인의 약속과 마찬가지로, 아니 오히려 자신과 한 약속을 최우선으로 일정을 잡는 것이다. 자기 자신은 VIP급이다. 스스로 나 자신에게 최고의 대우를 해주어야 한다.

매달, 한 주의 시작 등에서 내가 반드시 확보하고 싶은 시간을 적어보자. 그리고 그 시간에 내가 바라는 행동을 계속해보자.

그것이 당신의 인생을 향상시키는 좋은 습관일수록 신기하게도 곤란한 일이 일어나지 않는다. 나아가 자신과의 약속을 지킨다고 누가 칭찬해주는 것도 아닌데 굉장히 상쾌한 기분을 느낀다. 이렇게 나 자신과의 약속을 지키면 스스로가 자랑스럽다.

습관화는 한 번에 하나씩 한다

나에게 상담하러 오는 분 중에 '하고 싶은 일이 너무 많아서 오히려 행동에 옮기지 못한다'는 사람이 있었다.

이런 사람은 많은 일을 동시다발적으로 하려는 경향이 있다. 그 마음을 이해하지 못하는 것은 아니다.

하지만 우리는 이미 막연한 행동습관의 연속으로 꽉 채워져 있다. 또한 우리의 뇌는 현상 유지를 바라는 경향이 있어서 바로 행동해서 계속할 수 있는 사람이 4퍼센트 정도에 지나지 않는다. 그만큼 행동을 습관화하는 것은 쉬운 일이 아니다.

그러므로 습관화는 한 번에 하나씩만 실시하자. 우선은 한 가지를 완수한 후에 다른 또 하나의 일을 시작하자. 전면적으로 펼쳐나가는 이미지를 가지고 일단 하나에 착수한다면 해결책이 보일 수 있다.

습관화했는지 아닌지를 측정하는 기준은 3주다. 하나의 새로운 행동을 3주 동안 계속해서 일상생활의 일부로 완전히 스며들었다고 생각이 되었을 때 비로소 다음 새로운 행동을 개시하는 것이 바람직하다.

플랜 ABC…를 세운다

감정에 목표를 두고 그날 할 일을 정해도 실상 모든 일이 반드시 예정대로 이루어지는 것은 아니다. 예를 들어, 자격증 공부를 하면서 '이 참고서를 이번 주 안에 끝내자'고 계획을 세웠는데 갑자기 손님이 오거나, 급한 일이 생기거나, 뜻밖에 집안일을 해야 하기도 하고, 때로는 컨디션이 좋지 않아 예정대로 끝내지 못한 경험이 누구에게나 한 번쯤 있었을 것이다.

모든 일이 반드시 예정대로 이루어지지 않을 수도 있다는 상황에 대비해서 하나가 아닌 여러 가지의 대안을 준비해놓자.

'자격증 시험까지 앞으로 한 달! 이번 주에는 반드시 30페이지까지 공부해야지'라고 결심했다면? 그리고 화요일 밤과 토요일 밤에 15페이지씩 하자고 정했다.

그런데 화요일 밤에 갑자기 야근을 하게 될 수도 있지 않은가? 어떤 상황이 닥치더라도 일주일에 반드시 30페이지를 끝내기 위해서는 여러 가지의 대안을 세워야 한다.

플랜 A 이상적인 플랜 ··· 화요일 밤에 15페이지, 토요일 밤에 15페이지

↓ (하지만 화요일 밤에 야근할지도)

플랜 B 만약을 대비한 플랜 ··· 수~금요일에 5페이지씩, 토요일 밤에
15페이지

↓ (하지만 수~금요일 밤 중 며칠은 공부할 체력이 남아 있지
않을 수도)

플랜 C 만약에 만약을 대비한 플랜 ··· 수~금요일 중 하루에 10페이지,
토요일 밤에 15페이지, 일요일 밤에
5페이지

이런 식이다.

여러 가지의 계획을 미리 세워놓음으로써 예정대로 일을 진행할 수 있다. 나 역시 매일 이메일 뉴스레터를 발송하기 위한 플랜을 A부터 D까지 세워두었다.

플랜 A: 아침 6시부터 이메일 뉴스레터를 쓴다.

플랜 B: 아침에 보내지 못했을 때는 점심때까지 초안을 쓴다.

플랜 C: 낮에 보내지 못했을 때는 밤에 잠들기 전까지 쓴다.

플랜 D: 만일 이메일 뉴스레터를 보내지 못했을 때는 다음 날 아무 일도 없었던 것처럼 이메일 뉴스레터를 쓴다.

지금까지 한 번만 플랜 B를 이용했고, 나머지는 플랜 A로 매일 아침 쓸 수 있었다. 만약에 아침에 쓰지 못하더라도 낮

이나 밤에 쓰면 되고, 보내지 못할지라도 다음 날 보내면 된
다고 미리 정해놓았기 때문에 어떤 상황에서도 예정대로 마
음 편히 계속할 수 있다.

이처럼 플랜을 3개 정도 생각해두는 습관을 들이면 예정
대로 일이 계속하지 못하는 일은 현저하게 줄어든다.

싫증 나거나 매너리즘에 빠져서
그만두고 싶을 때

도중에 싫증이 나거나 해이해질 때가 있다. 그렇다면 그 목표가 당신에게 뭔가 충분하지 않은 것인지도 모른다. 예를 들어 '한 달에 한 권씩 책을 읽는 생활을 해야지'라고 시작해서 두 달은 잘 실천했지만 석 달 후에 어느새 흐지부지해졌다고 치자.

그 이유는 한 달에 한 권 책을 읽는다는 것이 지금 당신에게 너무 수준이 낮은 목표일 가능성이 있다. 즉, 너무 간단해서 의욕이 생기지 않는 것이다.

이럴 때 어떻게 하면 좋을까?

혹시 책을 읽는 습관이 당신에게 역시 중요하다고 재확인할 수 있다면 기한을 짧게 잡거나 목표치를 높게 설정하는 방법 중에 한 가지를 시도해보기 바란다.

예를 들어, 지금까지 한 달에 한 권이라고 정했던 것을 2주에 한 권으로 바꿔보자. 그렇게 하면 갑자기 두 배의 지식을 얻을 수 있다. 2주에 한 권도 충분히 현실적이라고 생각되면 과감하게 일주일에 한 권으로 바꿔보자.

기간을 3분의 1, 4분의 1로 확 줄여서 같은 성과를 내려고 하면 지금까지 해온 방식을 근본적으로 바꾸지 않으면 안 된다. 그 결과 참신한 아이디어가 생긴다.

다양한 상황에서 이렇게 할 수 있으면 지금까지의 생활에 여유가 생겨 새로운 습관을 도입하기 쉽다. 이것이 '기한을 짧게 잡는다'에 해당하는 방법이다.

'목표치를 높게 설정한다'는 방법으로 행동의 난이도를 높이는 것도 좋다. 예를 들어 지금까지 한 달에 한 권, 비즈니스 서적을 읽었지만, 사전을 옆에 두고 피터 드러커의 저서를 원서로 읽어보기, 지금까지는 한 달에 한 권 비즈니스 서적을 읽는 데 그쳤지만 앞으로는 그 감상을 블로그에 적기까지 해보자는 식이다.

무슨 일을 해도 잘되는 사람이 있다. 그런 사람들은 일의 성과를 실감하면 기한을 앞당겨서 목표치를 끌어올림으로써 자기 자신을 성장시키는 시스템을 만드는 데 능숙하다.

이 중에서 당신이 즐거운 마음으로 살 수 있는 시스템 하나를 찾아 활용해보기 바란다.

손실회피의 법칙을 사용한다

어느 정도 계속할 수 있게 되면 너무 단조롭고 지루해서 그만두기도 한다. 소위 매너리즘이 찾아오는 것이다. 이럴 때는 본전을 찾고 싶어 하는 인간의 심리를 활용하면 계속할 수 있다.

이를 전문용어로 '손실회피의 법칙'이라고 한다.

매일 아침, 빨리 출근하고 싶어서 일찍 일어난다고 치자. 그런데 이른 출근이 슬슬 싫증 나고 힘들어졌다면? 그럴 때 자신에게 투자해보면 어떨까?

예를 들어, 음질이 좋은 헤드폰을 산다. 평소 같으면 사지 않을 물건을 과감하게 구입하는 것이다. 그리고 '이 헤드폰으로 매일 좋아하는 음악을 들으면서 출근할 거야. 그리고 열심히 일해서 실적을 올려 헤드폰 비용을 회수해야지'라고 생각하며 분발한다.

또 다른 예로, 처음에는 매일 조깅을 하는 자신에게 감동했지만 어느 틈엔가 매너리즘에 빠져 의욕을 잃었다고 치자.

그럴 때 멋진 운동화를 과감하게 구입하자. 그리고 '좋아! 이만큼 나에게 투자했으니 계속할 거야!'라고 힘을 낸다. 쓸

데없이 돈을 쓰는 것이 아니라, 당신의 기분을 한껏 고취해주는 물건이나 일에 투자하는 것이다.

나태해진 자신에게 큰 자극을 주는 방법이니 필히 시도해보라.

SNS를 활용한다

매너리즘에 빠지지 않는 방법으로 SNS 활용이 있다. 매너리즘에 빠져 있을 때는 너무 나태해지기 때문이다. 우리는 지나치게 긴장해도, 너무 긴장이 풀어져도 계속하지 못한다. 적절한 긴장이 가장 이상적이다. 긴장이 너무 풀어진 상태의 사람에게는 사회적 압력을 가하면 된다.

페이스북이나 카카오톡, 트위터, 인스타그램과 같은 SNS에 '내가 도달하고 싶은 목표는 이런 것입니다'라고 올리면, 지인들이 반응할 것이다. 이것이 압력이다.

주변의 동료나 친구들로부터 받는 압력을 '또래압력Peer pressure'이라고 한다. 이 심리적 압력은 좋은 영향을 주기도 하고, 나쁜 영향을 주기도 한다.

끈기 있게 할 수 있는 사람은 이 심리적 압력을 긍정적으로 활용한다.

'주변 사람들에게 선언했으니 분발해야지' '친구나 지인, 동료들도 응원해주고 있으니 이번에야말로 계속해봐야지'라고 생각함으로써 자신에게 적절한 압력을 줄 수 있다. 또한 SNS에서 계속하겠다고 선언함으로써 뜻밖의 부수적인 효과를 얻을 수 있는 때도 있다.

'열심히 해!' '응원할게!' '나도 도전 중이야' 등 격려와 응원의 메시지가 도착한다. 친구나 지인, 동료들로부터의 이런 메시지를 받으면 기쁘고 힘이 된다. 이런 댓글 하나하나가 자극이 되어 매너리즘을 이기는 힘이 된다.

또래압력 효과를 좋은 방향으로 활용해보자.

휴일을 정한다

가슴 설레야 할 습관이라도 맺고 끊는 것이 없으면 매너리즘에 빠질 수 있다. 휴일을 확실히 정하지 않았기 때문이다.

눈높이를 낮추고 무리하지 않는 것이 계속할 수 있는 요령이다. 그러므로 습관화를 위해 매일 할 일과 휴일을 동시에 정해두는 것도 중요하다. 사전에 '이날은 하지 않을 거야'라고 정해두면 쉬었다고 해서 좌절하거나 힘들다는 생각이 들지 않는다.

매일 계속하는 것은 의외로 어려운 일이다.

물론 루틴 노트는 하루 1분이라도 매일 쓰는 것이 가장 좋다. 하지만 그것이 어렵게 느껴지면 처음부터 '주말에는 하지 않는다' '일요일에는 하지 않는다'고 정해두자. 중간중간 약

간의 휴식을 넣는 편이 마음이 훨씬 편해져서 원활하게 진행
되기도 하기 때문이다.

　때로는 과감하게 아무것도 하지 않는다고 결단하는 것도
방법이다. 철저하게 쉬고, 과감하게 재충전하자. 기분 전환
후에 다시 시작하면 된다.

어느 정도 이뤘는데
성과가 나기 전에 그만둘 때

어느 정도 계속하다가 성과를 내기 전에 그만두고 만다, 늘 도중에 그만두기 때문에 결국 어중간하게 끝난다고 고민하는 사람들도 있다.

이런 사람은 일이나 친구, 가족 관계에 부족함이 없고, 경제적으로도 여유가 있는 경우가 많아서 얼핏 보기에 큰 문제를 겪고 있지 않아 보인다. 하지만 당사자는 심각했다.

나는 이들에게 꿈도 목표도 일도 생활도, 사람들과의 교제도 모두 어려움이 없는 상태라면 조금 발돋움해서 상황을 극복할 수 있다고 말해주고 싶다.

늘 어중간하게 끝나는 사람은 루틴 노트에 적은 이미지를 더 구체화할 요소를 모으자.

예를 들어, '다이어트에 성공해서 백화점에서 지금보다 두 사이즈 작은 옷을 입어보고 기분 좋아지고 싶다'라고 정했으면 백화점의 점포를 소개하는 영상을 보고 '아아, 여기를 돌아다니다가 유명 브랜드 매장에 들어가는 건가'라는 식으로 상상력을 동원한다.

아니면 '두 사이즈 작은 옷을 입고 강남사거리를 활보하고 싶다'고 생각하면 그 길거리 사진을 모아보는 것도 방법이다.

루틴 노트는 물론 그 밖에도 당신의 기분을 고취해줄 사진이나 영상, 음악 등을 모아 되도록 자주 접하자.

남의 성공담을 읽는다

더 생생하게 체험해서 마음을 설레게 하기 위해 누군가의 성공담을 읽을 것을 추천한다. 특히 '성공해서 무엇이 달라졌는가' 하는 점, 특히 성공 전과 후 변화된 부분에 집중해서 읽는다.

예를 들면, 당신이 영어 공부를 습관으로 들였다고 치자. 그럴 경우에 영어 공부 습관화에 성공한 사람의 체험담을 인터넷 기사에서 찾아서 읽어보자.

성공담에는 추천 공부법은 물론 '영어를 익혀서 자신감이 생겼다' '영어로 커뮤니케이션도 문제없다!' 등 당신의 감정이 공감할 수 있는 후기가 실려 있다. 그 글을 접하면 당신의 가슴은 훨씬 두근거릴 것이다.

평소와 다른 시간과 장소를 경험해보기

어느 정도는 계속할 수 있었지만 성과를 내기 전에 그만둘 것 같을 때는 평소와 다른 시간과 장소를 느껴보면 어떨까?

얼마 전 나는 지방으로 출장을 갈 일이 있어서 좀처럼 타지 않는 전철 첫차를 탔다. 새벽 4시대의 전철을 타는 사람은 별로 없을 테니 틀림없이 비어 있을 거라고 생각했다.

그런데 예상은 빗나갔다. 역의 플랫폼에는 평소와 마찬가지로 전철을 기다리는 사람들이 있었고, 간신히 자리에 앉을 정도로 승객이 많았다. 이른 아침부터 출근하는 사람이나 야근을 마친 사람, 출장 가는 사람, 원거리 출근하는 사람들이 탔던 것 같다.

새벽 5시가 채 되기도 전에 하루를 시작하는 사람이 많다는 사실에 매우 놀랐다. 지금은 아침 6시부터 이메일 뉴스레터를 쓰는 것이 당연한 일과가 되었지만, 아침 5시에 일어나도 되겠다는 생각이 들었다.

새벽 5시대에 일을 시작하는 것이 당연한 사람들만 있는 상황에 있어 보니 나도 자극을 받아 지금까지 가지고 있던 기준이 바뀌었다.

일부러 이른 아침이나 저녁에 산책을 해보면 평소와는 다른 사람을 만나거나 늘 보던 경치가 아닌 다른 풍경이 보이기도 하고, 공기가 달라진 것 같은 기분을 맛볼 수도 있다.

같은 시간과 장소인데 다른 곳에 온 것처럼 느껴질 때 새로운 깨달음과 배움을 얻을 수 있고, 이런 체험을 통해 변화가 시작된다.

계속하지 못하거나 어중간하게 끝나는 것이 당연한 어제와 같은 일을 반복하지 말고, 꿈이나 목표를 실현하고 있는 미래의 자신이 당연하게 여길 환경을 경험해서 지금까지 가졌던 생각과 기준을 바꿔보자.

평소와 다른 시간과 장소를 체험하면 자극을 받아 어중간한 상태에서 벗어날 수 있다.

기뻐해줄 사람들을 떠올린다

당신이 루틴 노트에 적은 목표에 도달하면 누가 가장 기뻐해줄까?

예를 들어, 당신이 마라톤을 완주해서 최고의 성취감을 맛보고 싶다. 그 목표를 위해 3개월간 제대로 달리기 연습을 계속했고 마라톤 완주에 도전한다고 치자. 성공했을 때, 기뻐해줄 사람은 있는가? 지인 중에 "열심히 했네" "대단해!"라고 말해줄 사람은 누구인가?

그 사람들을 떠올리면 가슴이 설렐 것이다.

도전한 일에 성공했을 때 기뻐해 줄 사람들에게 응원해달라고 부탁해보라. 가족이나 친구 등 자신에게 소중한 사람들의 미소와 용기를 주는 한마디는 큰 힘이 된다. '나는 소중한 사람들과의 약속을 지키기 위해서라도 끝까지 해낼 거야'라고 다시 결심하게 만드는 원동력이 된다.

나쁜 습관을
버리고 싶을 때

지금까지 습관을 어떻게 들일지에 대해 설명했다. 여기서는 나쁜 습관을 버리는 방법에 대해 간단히 소개하겠다.

회식자리에 가면 기억이 끊길 때까지 술을 마신다, 몇 번이나 금연을 시도했지만 실패했다, 심야에 단것을 끊을 수 없다, 인터넷 쇼핑에 시간 가는 줄 모른다, 자신감이 없고 부정적인 생각을 하게 된다와 같이 좀처럼 버리지 못하는 나쁜 습관은 없는가?

이처럼 누구나 버리지 못하는 나쁜 습관을 가지고 있다. 버리고 싶다고 생각하면 할수록 좀처럼 떨칠 수 없다.

대체로 다음과 같은 이유 때문이다.

무의식중에 한다, 즐겁다, 그만두는 것이 고통스럽다.

무엇보다 버리고 싶다는 것에 의식을 집중하기 때문에 버리고 싶어도 좀처럼 버리지 못하는 것이다.

버리고 싶다는 데 의식을 집중하면 할수록 버리고 싶은 것을 계속 가져가게 된다. 이성적으로는 아무리 버리려고 해도 마음이 따라 주지를 않는다. 머릿속으로는 아무리 역방향으로 핸들을 꺾는다고 생각해도, 마음은 버려야 할 쪽으로 핸들을 돌려 그쪽으로 나아간다. 이렇게 한번 몸에 밴 나쁜 습관은 갑자기 없애기 어렵다. 그렇다면 어떻게 해야 할까?

습관을 추가하라

새로운 습관으로 대체한다. 줄이고 싶은 습관보다 늘리고 싶은 습관을 의식하는 것이다. 앞에서 '회식자리에 가면 기억이 끊길 때까지 술을 마신다, 몇 번이나 금연을 시도했지만 실패했다, 심야에 단것을 끊을 수 없다, 인터넷 쇼핑에 시간 가는 줄 모른다, 자신감이 없고 부정적인 생각을 하게 된다'라고 한 이들은 모두 나의 고객들이었다. 나는 그 고객들에게 새로운 습관에 집중하는 방법을 추천했다.

'회식자리에 가면 기억이 끊길 때까지 술을 마신다'고 고민한 고객은 어떻게 했을까? 회식자리에서 그는 생맥주를 한 잔 마신 후에 병맥주 한 병, 그다음에는 녹차라는 새로운 습관을 들였다. 그랬더니 과음을 하는 일도 없어졌고, 즐겁게 술을 마실 수 있게 되었다.

'심야에 단것을 끊을 수 없다'고 고민한 고객은 단 과자를 대량 구입하지 않고 한 봉지씩 사기를 습관화했다. 결과적으로 한 번에 너무 많이 먹는 습관 자체를 끊을 수 있었다.

내가 버리지 못했던 나쁜 습관은 한밤중에 TV를 오래 보는 일이었다. 왠지 우울하거나 대책 없이 흥분했을 때는 밤에 좀처럼 잠들지 못하고 아무 생각 없이 TV를 보면서 잠이 들곤 했다. 이렇게 하면 잠자리도 불편할 뿐만 아니라 제대로 쉬지 못하고 아침에 일어날 때도 힘들어서 어떻게든 이 나쁜 습관을 그만두고 싶었다.

그러던 중 새로운 습관을 추가하면 된다는 사실을 깨닫고 행동으로 옮겼다. '잠이 안 올 때는 개그 프로그램 동영상을 보고 웃으면서 휴식을 취한다'는 습관을 들인 것이다.

그렇게 하게 된 후로는 한밤중에 TV를 계속 보는 일이 없어지고 기분을 자연스럽게 전환해서 제대로 잠들 수 있었다.

버릴 수 없는 습관이 있다면, 새롭게 추가하고 싶은 습관을 우선시해라. '버리고 싶다' '버리자'라고 생각하는 것보다 계속하고 싶은 습관에 주력하면 나쁜 습관을 덜 의식하게 되므로 줄이거나 없앨 수 있다.

꿈이나 목표를
빨리 실현하고 싶을 때

한 걸음 더 나아가, '자신이 체험한 것을 체계화해서 남을 가르칠 수 있을 정도가 되자'라고 마음먹으면 목표의식이 한층 높아진다.

예를 들면 '토익 400점이었던 내가 단 3개월 만에 800점을 받은 기적의 학습법'과 같이 내가 쓰고 싶은 책 제목을 정해본다. 그리고 이 기적의 학습법을 직접 해보고 성공하자. 그다음에 성공 포인트를 적어본다.

그렇게 하면 어떻게 하면 잘 되고, 어떻게 하면 잘 안 되는지, 대충이 아니라 확실히 잘하려면 어떻게 해야 하는지, 가능한 한 간단하게 성과를 낼 방법은 없는지 항상 체크하게 된다.

나아가 한 권의 책을 출판할 정도의 마음가짐으로 임해도 좋다. '포인트는 여기!'처럼 특히 강조하고 싶은 부분을 정리하면서 행동하는 버릇이 생긴다. 포기하지 않고 잘 해나가면 점점 더 행동을 잘할 수 있다. 필히 한번 시도해보기 바란다.

급하지는 않지만 중요한 일을 한다

행동을 차례차례로 습관화할 수 있게 된 시기, 그것은 자신의 인생에서 정말 우선해야 할 것은 무엇인가를 생각하는 단계다.

스티븐 코비 박사는 《성공하는 사람들의 7가지 습관》에서 가장 우선해야 할 것은 '긴급하지 않지만 중요한 것'이라고 말한다. 여기에 해당하는 것은 건강관리, 요긴한 자격증 따기, 인간관계 구축, 새로운 기회 발굴, 중장기 계획·오락이다.

이처럼 긴급하지는 않지만 중요한 것은 긴급한 일이 생기면 자꾸 미루게 되거나, 중요하지 않은 일의 즐거움을 주는 일에 지고 만다.

예를 들어, 밤 산책은 지금 자신의 건강 상태를 생각하면 최우선으로 해야 하는 일인데, 업무에 쫓겨서 좀처럼 시간을 낼 수 없거나 친구들이 술 마시러 가자고 하면 유혹에 지고 말아서 하지 못하는 경우다.

보통 만사가 형통할 때, 비로소 급하지 않지만 중요한 일에 손을 댄다. 그럴 때에는 마음에 여유가 생겨서 자신을 객관적으로 볼 수 있기 때문이다.

당신에게 급하지는 않지만 중요한 것은 과연 무엇인가?

그것을 습관화하려고 노력하고 있는가?

이 기회에 반드시 체크해보기 바란다.

마음의 소리가 루틴을 만든다

얼마 전 컴퓨터 데이터를 정리하다 12년 전의 이메일을 발견했다. 그때 회사원이었던 내가 한 작가에게 보낸 상담 글이었다. 그 글을 읽고 눈물을 흘리고 말았다.

내 능력으로 볼 때 독립은 힘들 것 같다.

하지만 욕심을 내자면 더 매력적인 사람, 가치관을 공유할 수 있는 사람들과 일하고 싶다.

장차 타인을 상담해주거나, 책을 쓰고, 세미나를 열고 싶다.

뭔가 확실한 것을 지닌 사람, 신념을 가진 사람이 되고 싶다.

그때는 독립해서 창업하는 일은 꿈에 불과하다고 생각했다. 딱히 눈에 띄는 성과를 내지 못한 내가 독립할 수 있을 리가 없다, 설령 독립을 한다고 해도 잘될 리 없다고 믿었다. 그때 창업은 나에게 동경의 대상이었다.

지금은 어떤가. 그때 '욕심을 내자면'이라고 썼던 내용이 다 이루어졌다.

그래서 나는 자신 있게 말할 수 있다.

"마음의 소리는 실현된다. 진심은 실현된다."

또 하나 중요한 것이 있다. 그것은 그 마음의 소리에 다가가 미래를 상상해보는 것이다.

나는 지극히 평범한 보통 사람이다. 그런 내가 마음의 소리에 귀 기울이고, 그것을 있는 그대로 들을 수 있게 된 후로 10여 년이 지났다. 현재는 이렇게 책을 쓰고 진심으로 가치관을 공유할 수 있는 고객과 동료들에게 둘러싸여 일하고 있다.

마음의 소리를 안 이후 나는 매일 밤, 나 자신에게 물어보았다.

'사실은 어떻게 하고 싶어?'

처음에는 아무 대답도 들을 수 없었다. 하지만 포기하지 않고 자신에게 계속 되물었다. 그러자 점점 소리가 나왔다. 희미하게나마 마음의 소리가 들렸다. 그리고 그 마음의 소리에 따라 행동했더니 쉽게 습관으로 이어졌다. 정말 놀라운 일이었다. 그래서 더욱더 나의 욕구와 생각을 표현했다.

나 자신의 욕구와 생각을 표현하는 매개체가 루틴 노트다. 루틴 노트는 마음의 소리에 다가가 습관을 내 것으로 만들게 한다. 그러니 루틴 노트를 십분 활용해서 감정을 다스리고 습관을 확립해나가기 바란다.

마지막으로 내가 매우 좋아하는 영국의 저명한 작가이자 '인생 철학의 아버지'로 불렸던 제임스 알렌의 말을 소개하며 마무리하고자 한다.

"품격 높은 꿈을 꿔라.

당신은 당신이 꿈꾼 사람이 될 것이다.

당신의 이상은 당신의 미래를 예언하는 것이나 다름없다."

부록

끝까지 해내게 만드는
1일 1분 루틴 노트

지금까지 설명한 루틴 노트를 독자가 직접 활용할 수 있게 부록으로 담았다.
① 습관화 시트→② 10초 미래 앵커링→③ 작심삼일 시트→④ 재설정 습
관화 시트→⑤ 액션 5레벨 순서다. 처음 습관화 시트를 작성하고, 일주일 후
재설정한다는 가정하에 2회를 반복할 수 있게 만들었다. 총 4주 분량이다.
4주 이후에도 이 노트를 계속 써나가서 습관을 내 것으로 만들기 바란다.

감정의 목표를 달성하는 날짜를 기입하자.

20XX년 ○월 △일

감정의 목표 시각화

진심으로 하고 싶은 것, 달성하고 싶은 것을 이루어 냈을 때의 상황, 얻은 것, 감정을 그림으로 그리거나 사진을 붙여보자.

습관화 시트

10초 액션 리스트

- ●
- ●
- ●

 맛보고 싶은 감정과 상황을 달성하기 위한 10초 액션(10초 안에 할 수 있는 행동 플랜)을 3가지 적는다.

[맛보고 싶다] 만일 습관화할 수 있으면 어떤 점이 좋은가?	[맛보고 싶지 않다] 만일 습관화하지 못하면 어떻게 되나?
● ● ● ●	● ● ● ●

 습관화가 잘 될 경우, 어떤 상황이 펼쳐질까? 어떤 감정을 맛볼 수 있을지 기입하자.

 습관화가 잘 안 되었을 경우, 어떤 상황에 빠지고 어떤 감정을 맛볼지 기입하자.

작심삼일 시트

10초 액션

_____

날짜	마크	코멘트

10초 액션

날짜	마크	코멘트

너무 쉽거나 지루해서 싫증 난
10초 액션은 무엇인가?

다시! 맛보고 싶은 장면	
다시! 감정의 목표	
다시! 감정의 목표를 시각화	

10초 액션 리스트

-

-

-

[다시! 맛보고 싶다]

-

-

-

[다시! 맛보고 싶지 않다]

-

-

-

지나치게 어려워서 실천할 수 없었던 10초 액션은 무엇인가?

다시! 맛보고 싶은 장면	
다시! 감정의 목표	
다시! 감정의 목표를 시각화	

10초 액션 리스트

-

-

-

[다시! 맛보고 싶다]

[다시! 맛보고 싶지 않다]

-

-

-

-

-

-

5레벨로 나눌 액션은 무엇인가?

액션 5레벨

1레벨	
2레벨	
3레벨	
4레벨	
5레벨	

5레벨로 만들 액션은 무엇인가?

액션 5레벨

1레벨	
2레벨	
3레벨	
4레벨	
5레벨	

감정의 목표를 달성하는 날짜를 기입하자.

20XX년 ○월 △일

감정의 목표 시각화

진심으로 하고 싶은 것, 달성하고 싶은 것을 이루어 냈을 때의 상황, 얻은 것, 감정을 그림으로 그리거나 사진을 붙여보자.

습관화 시트

10초 액션 리스트

-
-
-

맛보고 싶은 감정과 상황을 달성하기 위한 10초 액션(10초 안에 할 수 있는 행동 플랜)을 3가지 적는다.

[맛보고 싶다]
만일 습관화할 수 있으면 어떤 점이 좋은가?

-
-
-
-

습관화가 잘 될 경우, 어떤 상황이 펼쳐질까? 어떤 감정을 맛볼 수 있을지 기입하자.

[맛보고 싶지 않다]
만일 습관화하지 못하면 어떻게 되나?

-
-
-
-

습관화가 잘 안 되었을 경우, 어떤 상황에 빠지고 어떤 감정을 맛볼지 기입하자.

작심삼일 시트

10초 액션
_____

날짜	마크	코멘트

10초 액션

날짜	마크	코멘트

너무 쉽거나 지루해서 싫증 난 10초 액션은 무엇인가?

다시! 맛보고 싶은 장면	
다시! 감정의 목표	
다시! 감정의 목표를 시각화	

10초 액션 리스트

-

-

-

[다시! 맛보고 싶다]

[다시! 맛보고 싶지 않다]

-

-

-

-

-

-

지나치게 어려워서 실천할 수 없었던 10초 액션은 무엇인가?

다시! 맛보고 싶은 장면	
다시! 감정의 목표	
다시! 감정의 목표를 시각화	

10초 액션 리스트

-
-
-

[다시! 맛보고 싶다]

-
-
-

[다시! 맛보고 싶지 않다]

-
-
-

5레벨로 나눌 액션은 무엇인가?

액션 5레벨

1레벨	
2레벨	
3레벨	
4레벨	
5레벨	

5레벨로 나눌 액션은 무엇인가?

액션 5레벨

1레벨	
2레벨	
3레벨	
4레벨	
5레벨	

옮긴이 황혜숙

문화를 옮긴다는 마음가짐으로 작업하는 번역가. 건국대학교 일어교육과를 졸업하고, 뉴질랜드 오클랜드 대학에서 언어학 석사를 취득했다. 현재 번역 에이전시 엔터스코리아 출판기획 및 일본어 전문 번역가로 활동 중이다.

옮긴 책으로《참지 않을 용기》《한 줄 정리의 힘》《50부터는 인생관을 바꿔야 산다》《세상 모든 이기주의자에게 우아하게 복수하는 법》등이 있다.

끝까지 해내는 사람들의 1일 1분 루틴

초판 1쇄 발행 2020년 10월 8일

지은이 오히라 노부타카
펴낸이 정덕식, 김재현
펴낸곳 (주)센시오

출판등록 2009년 10월 14일 제300-2009-126호
주소 서울특별시 마포구 성암로 189, 1711호
전화 02-734-0981
팩스 02-333-0081
전자우편 sensio0981@gmail.com

기획·편집 이미순, 김민정   **외부편집** 유지서
마케팅 허성권   **홍보기획** 강수완
본문디자인 윤미정   **표지디자인** 말리북
경영지원 김미라

ISBN 979-11-90356-77-0 03320

소중한 원고를 기다립니다. sensio0981@gmail.com